SPHINX

James Cowan

Geheimnisse der Traumzeit

Das spirituelle Leben

der australischen Aborigines

SPHINX

Aus dem Englischen von
Karin Hirschmann

Für Richard Dickinson
Frater

Die Deutsche Bibliothek – CIP-Einheitsaufnahme

Cowan, James:

Geheimnisse der Traumzeit : das spirituelle Leben der australischen Aborigines /
James Cowan. [Aus dem Engl. von Karin Hirschmann]. - Basel : Sphinx Verl., 1994
Einheitssacht.: Mysteries of the dreamtime <dt.>
ISBN 3-85914-006-X

Originaltitel: Mysteries of the Dreamtime
Erschienen bei Prism Press, Bridport, Dorset, England
© 1989, 1992 der Originalausgabe by James Cowan
Umschlagillustration: Ray Meeks
Umschlaggestaltung: Charles Huguenin
Satz: Sphinx, Basel
Herstellung: Clausen & Bosse, Leck
Printed inGermany
ISBN 3-85914-006-X

Inhalt

Einleitung

Die Spiritualität der australischen Ureinwohner wurde in der Vergangenheit oft als eine Sammlung abergläubischer Vorstellungen und primitiver Mythen abgetan, die für ein Leben in echter Religiosität angeblich nicht ausreichte. Seit zwei Jahrhunderten sind Anthropologen damit beschäftigt, die Glaubensvorstellung der Aborigines von den Wurzeln in der eigentlichen Kultur abzutrennen, was zur Folge hatte, daß die Flamme der Spiritualität bei den Aborigines nachließ. Das messianische Christentum in der Gestalt wohlwollender Missionare versuchte die Spiritualität der australischen Ureinwohner noch weiter zu schwächen, in der festen Überzeugung, daß die Aborigines «in der Finsternis lebten», bevor Jesus Christus in ihr Leben trat.

So kam es, daß die Aborigines einem kulturellen Völkermord anheimfielen. Sie wurden nicht nur als Rasse sogut wie ausgerottet, sondern mußten auch noch ohnmächtig mitansehen, wie ihre Traditionen, ihre Lebensweise und ihre Überzeugungen beiseite gefegt wurden. Ohne Schutzverträge und ohne die offizielle Anerkennung ihrer Menschenrechte (erst die Fünfzigerjahre bescherten den Aborigines einige Bürgerrechte), fristeten die ihrer Rechte beraubten und vom Aussterben bedrohten Nomaden ein Schattendasein am Rande der europäischen Zivilisation. Man ging davon aus, daß sie ohnehin keinen Lebenswillen besaßen, denn viele flüchteten in in den Selbstmißbrauch durch Alkohol und Krankheiten. Das bevorstehende Aussterben ihrer Rasse wurde als ein notwendiges, wenn auch höchst bedauerliches Übergangsstadium betrachtet. Als die eingeborene Dichterin Kath Walker in den Sechzigern ihr Buch *We are going* herausbrachte, war das öffentliche Interesse eher gering, und die Beurteilung erfolgte mehr vom literarischen als vom kulturellen Standpunkt aus.

Der Welt drohte ein kostbares Juwel für immer verlorenzugehen. Jener spirituelle Hort des Träumens – auch Traumzeit genannt – sollte niedergerissen werden, um Platz zu machen für ein neues Gebäude, bei dem es um Assimilation, Siedlungsprojekte im europäischen Stil und das Vordringen der Geologen ging, die Wohlstand durch Mineralienfunde propagierten. Was die Aborigines zu ihrem traurigen Schicksal zu sagen hatten, interessierte nicht. Stattdessen verlangte man von ihnen, mit ihren Traditionen zu brechen, dem Nomadendasein abzuschwören, ihre Totems aufzugeben und zu lernen, sich der Leere einer ihnen von außen aufgezwängten materiellen Existenz anzupassen.

Doch die Stärke dieser bemerkenswert unverwüstlichen Menschen bestand in der Weigerung mit den alten Traditionen zu brechen und ihren Geist aufzugeben. Früher wehrten sie sich mit Gewalt gegen die europäischen Eindringlinge, in jüngerer Zeit wurden sie politisch bewußter. Heute kämpfen sie unter dem Banner der Landrechte gegen Gleichgültigkeit und Apathie. Sie wollen überleben, und sei es nur, weil sie an die Kraft des Träumens als eine Lebensart glauben. Die mit dem Traumzeitgeschehen zutiefst verbundene mystische Tradition ist für sie ein mächtiges Bollwerk gegen die drohende Ausrottung.

In diesem Buch sollen die weniger bekannten Aspekte der Traumzeit beleuchtet werden. Es geht mir dabei nicht um eine detaillierte Untersuchung, der Vielfalt der Mythen oder rituellen Praktiken, die die einzelnen Stämme als ihr spirituelles Erbe betrachten. Das würde den Rahmen dieses Buches sprengen. Statt dessen habe ich mich bemüht, die bestehenden Ähnlichkeiten mit anderen bedeutenden religiösen Überlieferungen aufzuzeigen, damit die Traumzeit als das gesehen werden kann, was sie ist: als metaphysischer Ausdruck ursprünglicher Wahrheiten über die Erstehung der Welt und den Platz, den die Menschen darin einnehmen. Darüber hinaus habe ich versucht aufzuzeigen, daß das Träumen nicht ein ferner, von undefinierbaren Geistwesen bevölkerter Ort ist, sondern für den australischen Ureinwohner einen metaphysischen Ruheplatz darstellt.

Die Traumzeit ist ein fragiles Gebilde. Es wird sich zeigen, ob es seine Pforten öffnet für eine Welt, die immer unsensibler geworden ist für die «Verzauberung» als Vorbote von Anmut und göttlicher Gnade. Damit dieser Zauber wieder auflebt, müssen die Menschen aller Glaubensrichtungen Logik und Ratio über Bord werfen und die mythischen Traumzeitgeschichten als eine übernatürliche Wirklichkeit akzeptieren. Ferner müssen sie erkennen, daß die Aborigines das «Angesicht der Erde» zu ihrer Bhagavadgita, zu ihrer Thora, ihrer Bibel oder ihrem Koran gemacht haben. Das Träumen ist die Bundeslade der Aborigines, die sie seit Anbeginn der Zeit auf dem australischen Kontinent mit sich herumtragen.

Bei meinen Recherchen hatte ich das Glück, vielen weisen Aborigines zu begegnen – Männern wie Toby Gangale vom Mirarr-Kuwjai:mi-Stamm, Big Bill Neidjie vom Bunidji-Stamm, und Idumdum vom Wardaman-Stamm im Norden Australiens. Diese und andere Männer sprachen mit mir ausführlich über die metaphysischen Aspekte ihrer Kultur. Dadurch gewährten sie mir Zugang zu ihrer Welt und ließen mich an Erfahrungen teilhaben, durch die mir die Spiritualität der australischen Ureinwohner sehr viel verständlicher wurde. Ich muß allerdings dazusagen, daß ich keine Initiationsprüfung durchlaufen habe; ich hielt es auch nicht für notwendig. Stattdessen entdeckten wir die Gemeinsamkeiten unserer jeweiligen Traditionen und Glaubenslehren – Bereiche, die uns mehr verbanden, als daß sie uns voneinander trennten.

Vor allem jedoch lernte ich, die australischen Ureinwohner aufgrund ihrer absoluten Menschlichkeit zu respektieren. Immer wieder stieß ich auf ihre natürliche Weisheit und wunderte mich, wie sie es schafften, so viel spirituelles Wissen aus einem – oberflächlich betrachtet – unkritischen Respekt vor der Tradition abzuleiten. Es dauerte nicht lange, bis ich begriff, daß ihre Weisheit nicht unkritischem Respekt, sondern Ehrfurcht entsprang. Das Numen, das göttliche Wesen als wirkende Kraft, manifestiert sich in der Vorstellung der Aborigines in allen Erscheinungen. Die daraus resultierende Vorstellung von Heiligkeit ist umfassender und weitreichender als alles, was wir in den Weltreligionen vorfinden.

Darüber hinaus lehrten mich meine schwarzaustralischen Freunde vieles, was mir im täglichen Leben von Nutzen war. Sie brachten mir Achtung und Verständnis für die Landschaft bei, zeigten mir, wie wichtig Rituale sind, und lehrten mich, die Initiation als einen Weg zur Erlangung innerer Weisheit zu sehen. Ich danke ihnen für ihre vereinfachte Darstellung meiner Ideale, wodurch eine Erkenntnis erst möglich wurde.

Bei dem Gedanken an die Menschen, denen ich auf meinen Reisen im Norden, im Nordwesten oder im Hinterland von Neu-Süd-Wales begegnet bin, fällt mir sogleich ihre Bereitschaft ein, metaphysische Realitäten zu vermitteln. Ich gewann immer mehr den Eindruck, daß die Aborigines eine einzigartige Rasse sind, weil das Träumen sie voll und ganz beherrscht. Es ist ihnen wichtiger als politische oder soziale Themen, denn es ist die einzige unbefleckte Habe, die ihnen geblieben ist. Alles andere wurde ihnen genommen. Sie mußten sich entscheiden: entweder den kurzen Weg der Anpassung einschlagen, was letztlich hieß, daß ihr kulturelles Erbe der Vergessenheit anheimfiel, oder neu beleben und den langen Weg zurückgehen, um ihre kulturelle Identität wiederzufinden, und die Traumzeit als metaphysische Realität neu zu erleben.

Die Nächte unter freiem Himmel mit den Heroen der Traumzeit; die Tage ausgefüllt mit Wanderungen auf spirituellen Pfaden durch die Landschaft; die Stunden in Höhlen unter dem wachsamen Blick von Geistwesen: Unzählige Erlebnisse haben zur Entstehung dieses Buch beigetragen. Es ist ein Geschenk der australischen Aborigines aus Vergangenheit und Gegenwart. Mögen die von mir unterwegs neu gewonnenen Einblicke dazu beitragen, anderen Menschen diese Welt des Träumens zu erschließen.

Einige Kapitel dieses Buches sind bereits in Zeitschriften wie *Temenos, Studies in Comparative Religion, Connaissances des Religions, Avaloka* und *Parabola* erschienen. Danken möchte ich vor allem meiner Freundin Dr. Kathleen Raine für ihre Ermunterung und Unterstützung, aber auch all jenen schwarzaustralischen Freunden, die mir im Laufe der Jahre die Augen geöffnet haben. Ihr Witz und ihre Menschlichkeit, ihre Klugheit und ihr freundliches Wesen haben den Grundstein zu gegenseitigem Respekt und Verständnis gelegt. Bleibt zu hoffen, daß es mir gelungen ist, ihre überaus lichte spirituelle Welt auch anderen Menschen einigermaßen glaubwürdig zu erschließen.

James Cowan
Sydney im Jahre 1988

KAPITEL 1

Spiritualität und übernatürliche Kräfte

Zu jeder lebendigen Tradition gehören Kulturträger, als Verkörperung einer gewissen Ursprünglichkeit, die ein Bindeglied zwischen der physischen und der übernatürlichen Welt bildet. Solche Männer (und gelegentlich auch Frauen) zeichnen sich durch bestimmte Verhaltensweisen aus und werden in ihrem Auftreten auch sofort als andersartig erkannt. Bei Naturvölkern, wie den australischen Aborigines oder den amerikanischen Indianern, handelt es sich bei solchen kulturellen Leit- oder Vorbildern um Männer, die einen Initiationsprozeß durchlaufen haben, der sie von den übrigen Stammesangehörigen abhebt. Diese Initiation erfolgt getrennt von den Zeremonien, die normalerweise die Aufnahme der Jugendlichen in den Kreis der Männer begleiten. Bei den australischen Aborigines ist die Ausbildung eines *karadji*[1] oder «clever man» eine Berufung wie jede andere spirituelle Disziplin. Nur wenige sind dazu auserkoren, und selten überstehen sie die seelischen Strapazen, die diesen Initiationsprozeß oft genug begleiten.

Die Bezeichnungen «clever man», «Zauberer» oder «Medizinmann» wurden im 19. Jahrhundert geprägt und haben weitgehend eine negative Bedeutung, um die Rolle des *karadji* im Stammesleben der australischen Ureinwohner zu diskreditieren. Zahlreiche Ethnologen, darunter auch solche, die den Aborigines angeblich wohlgesonnen waren, sahen in ihm bestenfalls einen Exzentriker, der zu wundersamen Heilungen fähig war, schlimmstenfalls jedoch einen Betrüger oder Scharlatan. Diese Auffassung hielt sich hartnäckig bis weit ins 20. Jahrhundert, so daß der *karadji* selbst schon bald erkennen mußte, wie sehr die Konfrontation mit der modernen Medizin, das Missionieren der Kirche und der korrumpierende Einfluß seiner eigenen vom Aussterben bedrohten Stammesgemeinschaft seine Position schwächte. Sein Ansehen als Hüter der traditionellen Kultur und heiligen Überlieferungen wurde durch den Kontakt mit der europäischen Zivilisation mehr und mehr untergraben, bis er nur mehr als Schwindler und Spitzbube dastand. Ein achtbarer ethnologischer Beobachter wagte sogar zu behaupten, daß «die Medizinmänner die größten Schwindler und Gaukler seien, die es mit List und Tücke schafften, die Menschen von sich abhängig zu machen».[2]

Auffassungen wie diese machten es einem *karadji* praktisch unmöglich, sein ehrbares Amt innerhalb der Stammesgemeinschaft aufrechtzuerhalten. Nach seinem Niedergang war der Weg frei für weiße Autoritäten in Gestalt der Verwaltungsbehörden oder der Kirche mit ihrem missionarischen Eifer. Indem sie die visionären Gebote des *karadji* durch eine eher nüchterne «christliche» Ethik verdrängten, was eine Assimilation der Aborigines erleichtern sollte, schafften sie es, das gesamte kulturelle und religiöse Wertesystem der australischen Urgesellschaft zu untergraben. Es wurde eine Politik des kulturellen Völkermordes betrieben, die zur Folge hatte, daß das traditionelle Stammesleben in Australien fast vollständig ausgelöscht wurde.

Was aber fanden die weißen Eindringlinge an der Person des *karadji* so bedrohlich? Warum mußten sie ihn als lebendige Verkörperung von jenseitiger Erfahrung unbedingt in Verruf bringen? Dieser Frage wollen wir nachgehen, wenn wir uns im folgenden damit beschäftigen herauszufinden, wie jene Männer zu ihrer Berufung kamen und wie sie die höchsten Stufen spiritueller Erkenntnis und Disziplin erreichten. Denn nur in dieser klassischen Konfrontation zwischen westlichem Materialismus in jedweder Form und dem traditionellen *karadji* in seiner Rolle als kulturelles und metaphysisches Vorbild wird das Dilemma sichtbar, in das jede Urgesellschaft bei ihrem Überlebenskampf gerät. Was gestern den Aborigines widerfuhr – die Vernichtung ihres spirituellen und mythologischen Erbes – geschieht auch heute noch in weiten Teilen der Erde.

Das dem *karadji* zugeordnete Adjektiv «clever» bedeutet mehr als nur mit scharfem Verstand und logischem Denkvermögen begabt. Es steht auch für Gewandtheit und Beweglichkeit. Vermutlich kommt es dem Originalbegriff der australischen Eingeborenensprache am nächsten, auch wenn es die geistigen Voraussetzungen, die ein *karadji* für seinen Status mitbringen mußte, nicht ganz wiedergibt. Der andere Aspekt «das Unsichtbare faßbar machen» beschreibt wohl besser die dem *karadji* eigene Fähigkeit, eine Brücke zu schlagen zwischen der sinnlich wahrnehmbaren Welt der Erscheinungen und der geistigen Welt der Traumzeit. Durch seinen besonderen Scharfsinn und seine schon frühe Kontaktaufnahme mit den älteren *karadji* unterschied sich der potentielle Schamane jedenfalls deutlich von seinen Stammesbrüdern. Manchmal war sogar ein körperlicher Unterschied erkennbar. Berndt[3] zufolge hob sich der Novize von den übrigen Knaben «durch das Leuchten seiner Augen» ab. Das entspräche der Vorstellung eines Lichtes im «kostbaren Raum des Geviertzolls» oder «Gesicht», wie es das sogenannte *Bardo Thödol* oder *Tibetanische Totenbuch*[4] beschreibt. Meistens war es der Vater, der seinen Sohn in die Rolle des *karadji* einführte. Die Übergabe des spirituellen Patronats vom Vater auf den Sohn war somit ein wesentlicher Bestandteil beim Eintritt in dieses Amt. Manchmal wurde ein angehender *karadji* auch als *walamiradalmai* bezeichnet, «einer, an den Cleverneß weitergegeben wurden». Die nötige Kraft und Stärke, um ein *karadji* zu werden, konnte ein Vater seinem Sohn jedoch nicht zuteil werden lassen. Sie konnte nur vom allmächtigen Himmelsgott Baiame selbst kommen. Mit anderen Worten, der Vater oder ein älterer *karadji* hatten zwar das Recht, einen Anwärter auszubilden, aber nur, wenn dieser bereits sich seiner Berufung bewußt geworden war, was häufig durch visionären Kontakt mit seinen Traumzeitahnen geschah. Erst wenn der Vater oder der ältere *karadji* in einem Traum von Baiame erfuhren, daß der Anwärter bereit war, konnte die eigentliche Initiation beginnen.

Indizien und mündlichen Aussagen zufolge mußten sich die angehenden Schamamen einem komplizierten Initiationsprozeß unterziehen, wozu auch der rituelle «Tod» durch einen *karadji* oder *oruncha* (Geister) sowie längeres Meditieren in der Wildnis zählte. Der rituelle Tötungsakt als solcher variierte zwar im einzelnen, vollzog sich aber in ganz Australien grundsätzlich gleich. Bei den Aranda in der Wüstenregion Zentralaustraliens entnahmen die alten Schamanen ihrem Körper kleine transparente Kristalle, mit denen sie dem Novizen dann langsam, aber mit festem Druck, die Oberseite der Beine bis zum Brustbein entlangfuhren. Die Haut wurde dabei in gewissen Abständen eingeritzt, damit die Kristalle besser in den Körper des Novizen eindringen konnten. Dann mußte sich der Novize hinlegen, und die weisen Alten schlugen mit den Händen nach ihm, in denen sie weitere Kristalle hielten. Bei nochmaligem Einritzen wurden weitere Kristalle in die Haut des Kandidaten eingebracht. In der Zwischenzeit wurde seine rechte Hand unterhalb des Zeigefingers aufgeschnitten und ein Kristall hineingelegt. Anschließend mußte der Novize Fleisch essen und Wasser trinken, in das zuvor einzelne Kristalle eingelegt worden waren. Dasselbe Ritual wiederholte sich am zweiten und dritten Tag. Danach bekam der Novize eine großes Loch in die Zunge geschnitten zum Zeichen, daß Stärke und Kraft in ihn eingedrungen waren. Anschließend wurde sein ganzer Körper eingefettet und eine heilige Darstellung von *oruncha* auf seine Brust gemalt – ein Symbol für die Schöpfergestalten (Himmelshelden oder -heroen), die aus ihm einen *karadji* gemacht hatten. Sein Kopf wurde mit Fellschnüren und Knospen des Eukalyptusbaumes geschmückt, und dann wurde ihm mitgeteilt, daß er im Männerlager zu bleiben hatte, bis seine Wunden verheilt waren. Des weiteren waren bestimmte Speisen für ihn tabu, nachts mußte für die *oruncha* ein Feuer zwischen ihm und seiner Frau brennen, und er hatte sich von allen anderen Stammesgefährten fernzuhalten. Anderenfalls würde die bei der Initiation in seinen Körper eingedrungene Kraft wieder vollständig entweichen.[5]

Das war die eine Methode. Bei einer anderen mußte sich der Kandidat vor dem Eingang einer Höhle schlafen legen und bei Tagesanbruch auf das Kommen eines *oruncha* warten. Der Geist schleuderte sodann einen unsichtbaren Speer, der den Nacken des Wartenden von hinten durchbohrte, bis er an der Zunge wieder zum Vorschein kam. Das dabei entstandene rituelle Loch war ein Zeichen für den Erhalt der Kraft. Ein zweiter Speer durchbohrte seinen Kopf von einem Ohr zum anderen. In diesem Augenblick fiel das Opfer tot um und wurde ins Innere der Höhle getragen, wo ihm der Geist die Innereien herausnahm und durch neue ersetzte, zusammen mit Quarzkristallen, den eigentlichen

Machtobjekten. (Die Parallelen zum ägyptischen Mumifizieren sind hier insofern augenfällig, als der Körper auf sein neues Leben nach dem Initiationstod vorbereitet wird.) Wenn der Mann schließlich wieder zum Leben erwachte, litt er eine Zeitlang unter Wahnvorstellungen. Erst wenn er sich einigermaßen gefangen hatte, geleitete ihn der *oruncha* zu seinen Stammesbrüdern zurück. Diese puderten seine Nase mit zermahlener Holzkohle, zum Beweis, daß er nun teilweise in den Kreis der Initiierten aufgenommen war.

Damit endet der erste Teil des Weges zum *karadji*. Normalerweise durfte der Initiand für die Dauer eines Jahres keinerlei *karadji*-Tätigkeiten ausüben, weil sich sonst die Kraft, die beim Einbringen der Quarzkristalle auf ihn übergegangen war, verflüchtigte. Das hieß jedoch nicht, daß seine Ausbildung nun abgeschlossen war, denn in vieler Hinsicht hatte die wichtigste Phase seines Übergangs zu den jenseitigen Aspekten seiner Berufung gerade erst begonnen. In dieser Zeit wurde der angehende Schamane von den Stammesältesten mit den Feinheiten des «Todansingens» (bone-pointing) und der Zauberei sowie mit diagnostischen Methoden zur Heilung von Krankheiten und geistigem Heilen (paranormaler Heilung) vertraut gemacht. Das waren die praktischen Seiten des schamanischen Könnens, mit denen der *karadji* der Gesellschaft wertvolle Dienste als Arzt leistete. Die spirituelle Metamorphose, die der Mann bei der Übernahme der Kraft in Verbindung mit dem rituellen Einsetzen von Quarzkristallen durchgemacht hatte, können sie aber ebensowenig verdeutlichen wie den Tod und die Wiedergeburt seitens der *oruncha* oder der Stammesältesten. In diesem Zusammenhang müssen wir uns eingehender mit der Verwendung von Steinen, Knochen, Australiten und insbesondere Quarzkristallen als symbolträchtige Kraftträger beschäftigen. Bei einem Stamm an der Ostküste hießen diese Quarzkristalle «wilde Steine» und galten als Verkörperung des höchsten Wesens[6]. Die Verwendung von Quarzkristallen zur bildlichen Darstellung von Baiame findet sich auch in anderen Kulturen. Die Taoisten beispielsweise sahen in Jade ein Heilmittel von ähnlicher Bedeutung. In einem alchemistischen Text aus dem 4. Jahrhundert wird Jade als *hsien*-Medizin beschrieben, und «das Leben derer, die *hsuan-chen* («geheimnisvolle Wahrheit» als Deckname für Jade) einnehmen, ist unendlich... Jadepulver, pur oder mit Wasser verdünnt eingenommen, verleiht Unsterblichkeit... Wer davon genossen hat, kann fortan als *hsien* zu den Sternen auffliegen»[7]. Eliade wagt sogar zu behaupten, daß das ungewöhnlich hohe Ansehen des Quarzkristalls auf seine himmlische Herkunft zurückzuführen ist, da der Thron des Herrschers Baiame ursprünglich aus einem riesigen Kristall bestand. Mit anderen Worten, diese Kristalle sollen als «erstarrtes Licht»[8] vom Himmel auf die Erde gefallen sein. Auch bei den Dajak an der Küste Borneos galten Quarzkristalle als «Lichtsteine», deren Herkunft der altmalaiische Stamm als nicht irdisch betrachtete. Wie sehr man sich auch bemüht, in der Lichtsymbolik der Quarzkristalle eine Spur von Göttlichkeit zu entdecken, so wird doch deutlich, daß das Anordnen der Kristalle im Körper des Kandidaten ein wichtiger Abschnitt im Prozeß der Vergöttlichung des betroffenen Mannes darstellt. Er stirbt und wird am dritten Tag als ein spirituelles Wesen «wiedergeboren», das in der Lage ist, magische Handlungen und Heilungen durchzuführen. In Mowaldjalis Vermächtnis[9] über die Unterweisung eines *karadji* wird klar und deutlich auf die Bedeutung der Quarzkristalle als sakrale Gegenstände hingewiesen. Darin heißt es, daß die Körper der Zauberer von *gedji* genannten magischen Steinen überquellen. Angefüllt mit diesen Steinen können sie über weite Entfernungen sehen und in andere Reiche blicken. Vor allem aber sind sie in der Lage, in die Unterwelt zu blicken, um die dort versammelten Geister der Toten zu beobachten.

Während dieser Transformation sah man bei den angehenden Schamanen häufig Federn aus den Armen sprießen, die sich nach einigen Tagen zu Flügeln entwickelten. Auch die Taoisten glauben, daß einem Mann Federn wachsen, wenn er das *tao* erlangt. Plato äußerte die gleiche Vermutung in Phaidros (249e), wo es heißt, daß «derjenige, der bei dem Anblick der hiesigen Schönheit, jener wahren sich erinnernd, neubefiedert wird». Im *Pancavimca Brahmana* (IV. 1.13) kommt die symbolische Erklärung noch klarer zum Ausdruck, wenn es heißt, daß «der, der versteht, Flügel hat». Die Verwendung von Federn ist infolgedessen als Ausdruck spiritueller Verwandlung hinreichend belegt. Bei der Initiation eines *karadji* steht diese Praktik für einen bedeutsamen Augenblick seines Übergangs vom gewöhnlichen Stammesmitglied zu einem «Menschen von hohem Rang».

Dieser Übergang ist auch gekennzeichnet durch den Erhalt eines neuen Namens bei der Wiedergeburt des Kandidaten[10]. Obwohl der Neophyt nun dem erlauchten Kreis der *karadji* angehört und eine Reihe von magischen Fähigkeiten beherrscht, die die von den Quarzkristallen ausgehende Kraft in seinem Körper stärken sollen, machen diese Fähigkeiten nur einen geringen Teil seines beruflichen Rüstzeugs aus. Ihre Bedeutung ist insoweit exoterisch, als der *karadji* auch eine wichtige gesellschaftliche Stellung innerhalb seines Stammes bekleidet. Wenn er nicht gerade Krankheiten heilt, psychische Störungen beseitigt, böse Geister austreibt oder bei unnatürlichen Todesfällen die Identität von Mördern festlegt, dann ist er damit beschäftigt, seine eigenen medialen Fähigkeiten durch lange Aufenthalte in der Wildnis und ausgedehnte Meditationsübungen zu entwickeln. Atemtechniken, wie sie auch im Hesychasmus[11] verbreitet sind, spielen hierbei eine große Rolle. Einem Bericht zufolge verbrachte ein *karadji* mehrere Tage am Stück auf dem Grund eines Flusses, wo er mit einem Geist namens Konikatine redete. Er konnte seinen Atem anhalten, solange er unter Wasser war. Als er schließlich wieder auftauchte, hatte er blutunterlaufene Augen und war über und über mit Schlamm bedeckt.[12] Diese Aussage deckt sich mit einer Geschichte, die Pao-P'u-Tzu über seinen berühmten Onkel Hsien-kung zu erzählen weiß. Als dieser an einem heißen Sommertag stark betrunken war, «begab er sich auf den Grund eines tiefen Sees und verharrte dort fast einen ganzen Tag, denn er konnte das Ch'i bewahren und beherrschte das Atmen wie ein Embryo im Mutterleib». Physiologisch gesehen mögen solche Behauptungen vielleicht nicht ganz den Tatsachen entsprechen (obwohl es gewagt wäre, sie ganz und gar widerlegen zu wollen), doch lassen sie sehr wohl erkennen, daß die meditativen Atemtechniken, mit denen sich die *karadji* beschäftigten, den Übungen aus anderen spirituellen Disziplinen durchaus vergleichbar waren.

Die Ähnlichkeiten zwischen einem taoistischen Unsterblichen und einem australischen Schamanen sind in der Tat frappierend. Beide betätigen sich als Heiler in ihrer jeweiligen Gemeinschaft. Beide lassen sich auf magische Handlungen ein, zum Beispiel den Schamanenflug.[13] Beiden wird nachgesagt, daß ihre Hautfarbe bei der Übernahme ihres «Amtes» heller wird. Und beide bedienen sich einer komplexen Symbolsprache, gepaart mit rituellen Handlungen, die zum Teil animistischen Charakter haben. Während für den *hsien* die alchimistische Vorstellung im innigen Wunsch gipfelt, Gold herzustellen oder Unsterblichkeit zu erlangen, ist der *karadji* bestrebt, sein «inneres Auge» (drittes Auge) zu entwickeln und seine spirituelle Wahrnehmungskraft so zu vervollkommnen, daß er auf diesem Gebiet ein Experte wird.

Für das «innere Auge» gibt es natürlich eine Vielzahl praktischer Anwendungsmöglichkeiten. In seiner Rolle als Medizinmann wird der *karadji* häufig gebeten, sein inneres Auge zur Diagnose innerer Leiden einzusetzen. Mowaldjali zeichnet ein deutliches Bild von der funktionalen Verwendung des dritten Auges. «Das Auge des diagnostizierenden Heilers, das sogenannte magische Auge, ist das, mit dem er die Leber, den Urin, die Gallenblase, das Herz und die Gedärme vollständig überprüft ‹Ah, ja›, sagt der *karadji* ‹das Übel liegt hinten im Nacken!› Er *sieht* alles ganz genau... er wird als Experte bezeichnet. Seine Lehrmeister sind die *rai* (Geister/*oruncha*). Anfangs kann er noch nicht sehr weit sehen. Seine Sicht ist getrübt, denn noch fehlt ihm das Wissen und das Verständnis. Deshalb schicken ihm die *rai* einen Geisthelfer in Tier- oder Insektengestalt. Erst jetzt gehen ihm die Augen auf, und verwundert steht er da. So beginnt er immer weiter und weiter zu sehen. ‹Hast du weit gesehen?› wird er gefragt. ‹Ich habe die *rai* gesehen›, lautet seine Antwort. ‹Sehr gut. Du wirst immer besser. Bald bist du ein Experte im Aufspüren dieser Tiere und Insekten (d. h. der *rai*)›».

Wir haben es hier mit einer himmlischen Übertragung zu tun. Es heißt, daß die *rai* jene Geister sind, die die *karadji* in die esoterischen Aspekte seines Berufszweiges einweihen. Gleichzeitig wird zwischen dem inneren Auge und den Augen für das gewöhnliche Sehen unterschieden. «*Wir* glauben, daß er mit seinen gewöhnlichen Augen sieht», sagt Mowaldijali. Doch in Wirklichkeit schaut der *karadji* mit seinem inneren Auge, das eine Gabe der *rai* ist. So gesehen, müßte man überlegen, ob die Felsbilder im sogenannten Röntgenstil, die bei den Stämmen im nördlichen Territorium sehr verbreitet waren, eine Darstellung der schamanischen Fähigkeit sind, die Dinge mit anderen Augen zu sehen. Empirisches Wissen würde zwar die Informationen und Bilder zu dieser Art von Darstellung liefern, es würde aber nicht erklären, warum

20

die Künstler die inneren Organe ausgerechnet so darstellen wollten, als wären sie von außen betrachtet worden. Vermutlich war es die schamanische Fähigkeit, Dinge mit dem inneren Auge zu durchschauen, die zu dieser Darstellungsform inspirierte.

Das innere Auge ist jedoch weitaus mehr als nur ein Instrument der Diagnostik. Indem es der *karadji* als Meditationshilfe gebraucht, kann er mit dem Geisterreich und seinen Bewohnern, den *rai*, in Kontakt treten. Wie wichtig die Meditation zur Kontaktaufnahme mit der Welt der Geister ist, beweist der von Berndt frei übersetzte Bericht eines Stammesangehörigen der Yaralde.

«Wenn du einen alten Mann ganz allein im Lager sitzen siehst, dann störe ihn nicht, sonst wird er dich ‹anknurren›. Spiele nicht in seiner Nähe, denn er sitzt gedankenvoll da, um zu *sehen*. Er sammelt seine Gedanken, damit er fühlen und hören kann. Vielleicht legt er sich auch hin, *wobei er eine bestimmte Position einnimmt*, damit er während des Schlafens (d. h. beim Meditieren) sehen kann. Seine Visionen sind verschwommen, und er hört darin «Personen» (*rai/oruncha*) reden. Er steht auf, um die zu suchen, die er «gesehen» hat, doch da er niemand findet, legt er sich wieder in der vorgeschriebenen Weise hin, um das «*Sehen*» erneut zu erwarten. Er legt seinen Kopf wie gehabt auf das Kissen, damit er wieder *sehen* (d. h. die Vision wieder heraufbeschwören) kann. Nach dem Aufstehen trägt er seinen Freunden auf, diese (als *miwi* bekannte) Kraft – ein innerer Bestandteil der Quarzkristalle – zu nähren, damit sie, wenn sie sich hinlegen, anwesende Personen sehen und fühlen (oder sich derer bewußt werden) können. Wenn sie seinen Rat befolgen, werden auch sie sie erkennen.»

Es ist nicht verwunderlich, daß diese *miwi* oder spirituelle oder psychische Energie gewissermaßen in allen Menschen schlummert, wenngleich nur wenige sie wecken können. Sie ist, wie es heißt, in der Magengrube lokalisiert, was entsprechend der im *Kundalini*-Yoga beschriebenen Wurzel der Wirbelsäule als symbolischer Sitz gesehen werden muß. Der Hindu-Tradition zufolge befindet sich *Kundalini*, eine Form der göttlichen Kraft (*Shakti*), ständig im Menschen, dargestellt durch eine zusammengerollte Schlange. Ebenso wie der luz-Knochen, jener unzerstörbare Kern, der angeblich alles enthält, was zur Genesung einer Person nötig ist, die unter dem Einfluß von «Himmelstau» steht (die physikalische Ähnlichkeit zwischen Himmelstau und dem erstarrten Licht der Quarzkristalle als Kraftträger ist nicht zu übersehen), kann die *Kundalini*-Schlange «erweckt» werden, so daß sie sich aufrichtet und die verschiedenen Chakras bis zum «dritten Auge» emporsteigt. Mit anderen Worten, wenn die Verknüpfung von *luz/miwi/Kundalini* zustande kommt, kann dies eine Wiederherstellung des primordialen Zustandes bewirken und somit das Gefühl von Ewigkeit wiederaufleben lassen.[14]

Wenn dem so ist, dann sind wir nahe daran, das wahre Wesen der *miwi*, die mit den Quarzkristallen so eng verbunden ist, zu erkennen. Schlangen sind nämlich in ganz Australien ein wichtiger Bestandteil der Initiationsfeiern und stehen in enger Verbindung mit diesen «wilden Steinen». In einem Fall erreicht der Novize den Himmel über ein Seil oder über einen Regenbogen, der ihm als Seil dient. Droben angekommen, wird er «getötet» und sein Körper mit Quarzkristallen und winzigen Regenbogenschlangen angefüllt. Bei einer anderen Zeremonie wird dem Novizen eine Tigerschlange (Pythonschlange) gezeigt, die ihn in eine Grube voller Schlangen geleitet. Indem sich diese Schlangen an ihm reiben, verleihen sie ihm «Cleverneß». Daisy Bates behauptete, einen *karadji* zu kennen, der mit einer mythischen Schlange namens Kajoora Zwiesprache hielt. In beiden Fällen handelt es sich um eine Art spirituelle Erkenntnis, gepaart mit der symbolischen Präsenz von Schlangen auf irgendeine Art und Weise. Doch selbst wenn bei solchen Zeremonien leibhaftige Schlangen zugegen sind, so haben sie im großen und ganzen nur Symbolcharakter. Wie die Schlangenkraft *Kundalini* können sie mit dem inneren Auge des *karadji* Zwiesprache halten und so die *miwi* freisetzen.

Das wiederum ist nicht ganz ungefährlich, denn wie bei jeder intensiven spirituellen Unterweisung lauern Angst und Schrecken an jeder Ecke und warten nur darauf, das seelische Gleichgewicht des Novizen bis ins Mark zu erschüttern. Der obenzitierte Angehörige des Yaralde-Stammes schildert uns lebhaft die psychischen Gefahren, die einen zukünftigen *karadji* erwarten: «Wenn du Platz nimmst, um die beschriebenen Visionen zu haben, und sie dann hast, dann fürchte dich nicht, auch wenn sie entsetzlich sind. Sie lassen sich nur schwer beschreiben, obwohl sie in meinem Kopf und in meiner *miwi* sind, und obwohl ich diese Erfahrung nach entsprechender Vorbereitung in dich hineinprojizieren könnte.

Allerdings handelt es sich bei manchen Erscheinungen um böse Geister. Einige sehen aus wie Schlangen, andere wie Pferde mit Menschenköpfen (Zentauren?), und wieder andere sind die Geister von bösen Menschen, die einem verzehrenden Feuer gleichen. Du siehst dein Lager in Flammen stehen und die Flut bedrohlich steigen. Du hast die Vorstellung von Donner, Blitz und Regen; die Erde bebt und zittert, die Hügel wandern, das Wasser strudelt, und die noch stehenden Bäume biegen sich im Wind. Fürchte dich nicht. Wenn du aufstehst, verflüchtigen sich diese Bilder, aber wenn du dich wieder hinlegst, kommen sie erneut, es sei denn, du fürchtest dich zu sehr. Wenn das eintritt, dann zerreißt du das Netz (oder den roten Faden), das diese Szenen zusammenhält. Eventuell siehst du Tote auf dich zukommen und hörst ihre Gebeine klappern. Wenn du diesen Dingen furchtlos gegenübertrittst, dann wirst du dich nie wieder vor etwas fürchten. Diese Toten werden sich dir nie wieder zeigen, denn deine *miwi* ist erstarkt. Du bist jetzt stark, weil du diesen Toten begegnet bist.»

Hier sehen wir die *miwi*-Kraft losgelöst von der intellektuellen Energic des *karadji*. Sie kann zum einen von unerwünschten Visionen beeinflußt werden, zum anderen aber auch von selbst eine psychische Kraft entwickeln. Das entspräche jeder echten Meditationstechnik, mit der schlafende psychische oder spirituelle Energie geweckt werden soll, um dann schrittweise bis zum «Scheitel» aufzusteigen. Das, worüber der Yaralde-Stammesangehörige berichtet, ist der Aufstieg zu den höheren Seinsebenen. Der Prozeß der Auflösung, der atemberaubenden Manifestation, das ist der einzig sichere Weg zur ursprünglichen, unbewegten Einheit, die vor dem Bruch zwischen ihm und der Geisterwelt der Traumzeit existierte.

Besondere Beachtung finden Vorführungen von Zauberkunststücken und anderen außergewöhnlichen Fähigkeiten des *karadji*, zum Beispiel Hochklettern an Luftseilen in den Himmel, Telepathie, Reden in anderen Sprachen, Beobachten von Monstern, Hexerei und Hantieren mit dem magischen Knochen, allesamt Dinge, die in den Augen der Ethnologen und Religionsforscher den Titel eines «clever man» rechtfertigen. Leider wurde bisher kaum versucht, die tiefe Symbolik und die metaphysische Bedeutung dieser Handlungen im Lichte einer brauchbaren spirituellen Disziplin zu betrachten. Das hatte zur Folge, daß die Rolle des *karadji* innerhalb der Stammesgemeinschaft zunehmend an Bedeutung verlor. Seine visionäre Erfahrung mit anderen schamanischen Fähigkeiten gleichzusetzen, hieße wiederum nichts anderes, als die Bedeutung seiner spirituellen Bemühungen in gewisser Hinsicht auf den selbst herbeigeführten Bewußtseinszustand der Ekstase zu reduzieren. Alle diese Studien geben jedoch keinen konkreten Aufschluß darüber, warum diese Seelenreisen überhaupt unternommen werden. Liegt es daran, daß die Beziehung zwischen spirituellem und körperlichem Wohlergehen derzeit in unserem Denken gespalten ist? Der Verdacht liegt nahe. Wie bei fast allen Naturvölkern basiert das spirituelle Leben größtenteils auf mündlicher Überlieferung und esoterischem Wissen. Demzufolge wurde es schon vor langer Zeit als schwacher Abglanz einer sogenannten «primitiven» Mentalität abgetan. In der Tat gehen die moderne Philosophie wie auch die Psychologie davon aus, daß alle Religionen nur ein Resultat der Evolution sind. Folglich wurde das spirituelle Leben der Aborigines stets als unentwickelt betrachtet und das Volk selbst als primitive Form der Menschheit. Daran hat sich für die Aborigines bis heute kaum etwas geändert. Ihr Leben ist nach wie vor Gegenstand anthropologischer Forschungen, jedoch ohne jedes Zugeständnis an ihre Kultur als wertvolle Quelle für geheime Überlieferungen und Weisheiten, von der wir alle profitieren könnten. Ohne einen grundlegenden Umdenkungsprozeß wird sich an der gegenwärtigen Situation nichts ändern. Es bleibt wie es ist: eine mehr oder weniger stillschweigende Übereinkunft, daß die Aborigines und ihre Lebensweise eine gewaltige kulturelle Sackgasse in der Geschichte der Menschheit darstellen.

Der *karadji* verkörperte als Kulturträger einen einzigartigen Menschentyp. In einer von Natur aus konservativen Gesellschaft, die sich vielleicht zu sehr auf die Ahnenverehrung und die Vergangenheit konzentrierte, sorgte er dank seines großen Einflusses oft genug für Veränderung. Da er direkten Zugang zur Traumzeit und den dort wohnenden Traumzeitwesen hatte, gehörte er zu den wenigen, die neue Tänze, Lieder und Geschichten hervorbringen konnten. Durch ihn blieb die Stammesgemeinschaft kulturell lebendig und konnte sich entsprechend weiterentwickeln. Auch wenn ihm seine Rolle zuweilen seelische Härte abverlangte und denen, die seine jenseitigen Aktivitäten nicht vollends verstanden, Angst einflößte, soll das nicht heißen, daß er innerhalb der Stammesgemeinschaft schlecht angesehen war. Ein Großteil dieser Angst war ohnehin nur eine Mischung aus Ehrfurcht und Respekt. Er war schließlich andersartig. Er hatte sich auf eine Begegnung mit den Himmelsheroen eingelassen. Er war den Initiationstod gestorben und als ein Mensch von «hohem Rang» wiedergeboren worden, mit der Verpflichtung, die irdischen wie auch die überirdischen Gesetze zu befolgen. Eine solche Erfahrung hatte unweigerlich eine Abgrenzung von seinen Stammesgefährten zur Folge, auch wenn er dem Schein nach ein ganz normales Leben innerhalb des Stammes führte.

Nicht zu unterschätzen ist die Rolle des *karadji* als Weiser und Seher für die Stammesgemeinschaft. Wenn er in Zeiten der Ungewißheit von anderen Stammesmitgliedern um Hilfe angerufen wurde, konnte er immer wieder aus dem geheimen Wissen schöpfen, zu dem er Zugang hatte. Er war der einzige, dem es erlaubt war (und der in der Lage war), mit Baiame, dem höchsten Schöpferwesen und Kulturstifter, mittels seiner Geistboten, der *oruncha*, in Kontakt zu treten. Nur er als Prophet oder Seher besaß die Kraft, sich bei diesen Himmelshelden für seine Stammesbrüder einzusetzen. Eine Geschichte erzählt, wie ein *karadji* mit Baiame in Verbindung trat, damit er der schrecklichen Dürre, die das Stammesterritorium verwüstet hatte, ein Ende bereiten möge. Dazu mußte der *karadji* den Berg Oobi-Oobi hinaufklettern, wo sich jenseits des Gipfels der kristallene Thron Baiames befand. Am Fuße des Berges angelangt, entdeckte er, daß wie bei einer Leiter Sprossen in den Fels gehauen waren. Also kletterte er die Leiter hoch, bis er nach vier Tagen oben ankam. Dort fand er eine Vertiefung im Fels, aus der frisches Quellwasser hervorsprudelte. Durstig von dem langem Aufstieg, labte sich der *karadji* an der Quelle und fühlte sich sogleich wie neu geboren. Die bleierne Müdigkeit war wie weggeblasen. Unweit der Quelle entdeckte er mehrere Steinkreise, von denen er einen betrat. Augenblicklich vernahm er das Geräusch eines *gayandi* (Schwirrholzes), des traditionellen Sakralgegenstandes, durch den Baiames Geistboten zu den Menschen sprechen. Nachdem er ihnen sein Anliegen – die Beendigung der Dürre – vorgetragen hatte, wurde der *karadji* von einigen der dort anwesenden *oranchi* vom heiligen Berg Oobi-Oobi emporgehoben zu Baiame auf seinem kristallenen Thron. Dort wurde ihm aufgetragen, soviel Blüten zu sammeln wie er tragen könne und diese zu seinem Stamme zu bringen. Er tat, wie ihm geheißen, und gelangte mit Hilfe der *oranchi* wieder auf den Berg Oobi-Oobi, von wo aus er zu seinem Stamm zurückkehrte.[15]

Der hier in knappen Worten nacherzählte Mythos verdeutlicht die symbolträchtige Denkweise in Verbindung mit spiritueller Transformation, wie sie in der Kosmologie der Schwarzaustralier vorherrscht. Wir haben es hier mit den Überresten einer heiligen Karte wie auch mit einer Annäherung an die göttliche Erscheinung zu tun. Die «Leiter», die emporgestiegen werden muß, verkörpert die verschieden Stufen der spirituellen Entwicklung, die ein *karadji* auf seiner spirituellen Reise durchzumachen hat. Das Trinken von der «Quelle» erfrischt unweigerlich. Diese Labung kann aber nur erfolgen, wenn der lange, beschwerliche Aufstieg abgeschlossen ist. Das Erkennen der Mandalas und das «Betreten» eines dieser heiligen Kreise (wahrscheinlich jedes einzelnen, auch wenn nicht ausdrücklich darauf verwiesen wird) gilt als universelle Vorstellung von Kontemplation und spiritueller Erneuerung. Beim Betreten eines dieser Kreise wird über die «Stimmen» Kontakt mit dem Geisterreich hergestellt. Zu diesem Zeitpunkt erfolgt die «Erhöhung» des *karadji* durch die himmlischen Mächte ins Innerste jenes reingeistigen Reichs des höchsten Himmelswesens Baiame, verkörpert durch den Kristallthron[16]. Hier erfährt er, daß die Verbindung zur Traumzeit die «Dürre» zwar beenden kann, daß aber erst das Verteilen von Baiames «Blüten» unter den Menschen einen wirklichen Erfolg garantiert. Mit anderen Worten, um den Fortbestand der Menschen auf Erden zu sichern, muß über die Meditation und die rituellen Handlungen eine *conjunctio* («Verbindung») zwischen den Welten geschaffen werden.

Eine solche Überlieferung enthält alle Elemente eines heiligen Textes, bezogen auf spirituelles Wissen. Daß sie in eine symbolische Sprache gekleidet ist, mindert in keinster Weise ihre metaphysische Bedeutung, noch läßt sie auf mangelnde Raffinesse in ihrer Methode schließen. Der *karadji* muß mit seinem ganzen Sein Fürsprache für sich und seine Stammesbrüder einlegen. Das kann nicht ausschließlich durch Reflexion erreicht werden. Nur die symbolische Ausdrucksweise vermag die im Grunde völlig verschiedenen Elemente, die das Wissen die Epiphanie ausmachen, wirklich zu erfassen. In dieser Hinsicht sind fast alle geheimen (das heißt, esoterischen) Überlieferungen um eine genaue Darstellung der metaphysischen Elemente bemüht.

Schließlich wird man noch mit der besonderen Heiligkeit konfrontiert, die einen schamanisierenden *karadji* umgibt. Da sein Schatten wie auch die «Krone seines Kopfes» mehr oder weniger mit seiner *miwi*-Kraft gleichgesetzt werden, ist jegliche Berührung derselben verboten (tabu). Es trotzdem zu tun, gilt als Sakrileg, und folglich verlangt ein solches Vergehen eine angemessene Form der Bestrafung. Leider ist das in den letzten zweihundert Jahren von den Europäern begangene Sakrileg gegen den *karadji* bis heute ungesühnt geblieben. Er galt stets als subversives Element innerhalb der Stammesgemeinschaft, stand er doch für einen spirituellen Erfahrungsbereich, der den Weißen für alle Zeiten verschlossen blieb. Es bedarf keiner großen Erklärung, warum die Viehzüchter im australischen Hinterland, die kolonionalen Machthaber und später die Verwaltungsbeamten der Regierung mit allen Mitteln versuchten, seinen Einfluß innerhalb des Stammes so weit wie möglich zu schwächen. Die weißen Eroberer vertrieben ihn des Landes oder töteten ihn gar; Missionare und Lehrer setzten alles daran, seine spirituelle Autorität mit der Einführung fremder religiöser Ideen zu untergraben; Ärzte zogen seine traditionellen Heilmittel ins Lächerliche, indem sie sich schamlos moderner Heilverfahren bedienten; Ethnologen, später auch Anthropologen, stellten seine geistigen Fähigkeiten in Frage, indem sie seine Zaubertricks in den Vordergrund stellten. Am Ende war die traditionelle Stammesgemeinschaft der Aborigines komplett zerstört, denn der *karadji* als Kulturträger war überflüssig geworden. Seine *miwi*-Kraft verließ ihn und entschwand für immer. Das spirituelle Wissen und die asketischen Disziplinen, die zwecks Meisterung der ständigen Übung bedürfen, gingen fast vollständig verloren. Was zurückblieb, waren die Überreste einer Stammesgemeinschaft auf der verzweifelten Suche nach Sinn und Ordnung in einer Welt, die nur er allein verstehen konnte.

Sollte sich das Stammesleben trotz des profanen Materialismus jemals wieder erneuern, dann müßte die Rolle des *karadji* innerhalb der Ge-

meinschaft reaktiviert werden. Nur über ihn ist der erneute Zugang zur Traumzeit und ein Begreifen der mystischen Schau möglich. Ohne eine Reaktivierung dieses Wissens hat das traditionelle Stammesleben der Aborigines keine Chance mehr weiterzubestehen. C. P. Mountford beklagte, ohne es zu wissen, den Verlust für die Welt, als er anmerkte: «Tag für Tag studierte ich die schönen, unbekleideten Körper der Männer, die an uns vorbeizogen. Es war immer wieder schön, sie anzuschauen: ihre gesunde Hautfarbe, ihre zuckenden Muskeln und ihre königliche Haltung... Kein Wunder also, daß die Älteren mit einem Selbstbewußtsein und einem seelischen Gleichgewicht aufwarten, das in unserer Zivilisation nur die Besten haben.»
Ein solches Epitaph, so ergreifend es auch klingt, kann weder über das Verschwinden jener «wilden Steine» hinwegtrösten noch über die Fülle an visionärer Erfahrung, Weisheit und Geheimwissen, die der spirituellen Landschaft des menschlichen Geistes damit verlorenging. Es wird sich zeigen, ob die weiße Bevölkerung Australiens das nötige Verständnis aufbringt oder besser noch das Verlangen hat, eine solche Wiedergeburt zuzulassen, ohne sie gleich in ihren Anfängen zu zerstören.

1 Die Bezeichnungen für diese klugen Männer variieren je nach Region, aus der sie stammen. *Karadji* (in den westlichen Gebieten von Neusüdwales), *wiringin* (Queensland), *kuldukke* (südlich des Murray, Victoria) u. a.

2 C. Strehlow, Die *Aranda*- und *Loritja-Stämme,* Teil 4, S. 42.

3 Ronald M. und Catherine H. Berndt, *The world of the first Australiens*, Sydney 1964, S. 308.

4 Auch Goethe spricht in seiner *Farbenlehre* vom «Auge, das sich am Lichte fürs Licht bildet, damit das innere Licht dem äußeren entgegentrete» als eine Methode der visionären Wahrnehmung der Psyche. Interessant ist in diesem Zusammenhang auch die Feststellung, daß der taoistische *hsien*-Anwärter («Unsterblicher») nur anhand dieser eigentümlichen Erscheinung ausfindig gemacht werden konnte.

5 B. Spencer und F. Gillen, *The Native Tribes of Central Australia.* Siehe auch A.P. Elkin, *Aboriginal Men of High Degree.*

6   A.C. McDougall, «Manners, Customs and Legends of the Coombangree Tribe», *Science of Man* 3:117.

7   Pao-P'u-Tzu, *The Inner Chapters*, zitiert nach der englischen Übersetzung von Tenney L. Davis und Ch'en Kuofu, American Academy of Arts and Sciences, Bd. 74, Nr. 10, Dez. 1941.

8   a) Mircea Eliade, *The Two and the One*, S. 25. b) siehe auch Ezra Pound, *The Cantos*, Nr. 94, worin er die kontemplativen Schriften von Richard von St. Victor wiedergab: «über dem Prana das Licht, hinter dem Licht der Kristall,. über dem Kristall der Jade!»

9   H.H.J. Coates, *The Rai and the Third Eye*, Oceana, XXXVII. 1966.

10 Siehe auch Johannes 3.3: «Es sei denn, daß jemand von neuem geboren werde, so kann er das Reich Gottes nicht sehen.»

11 Siehe auch Gregor Palamas, der schreibt: «Hesychia («Ruhe») ist Stillesein des Geistes und der Welt, Vergessen des Niedrigen, geheimnisvolles Erkennen des Höheren, das Hingeben der Gedanken an etwas Besseres, als sie selber sind. Das ist das wahre Tun, der Weg zur wahren Kontemplation und Gottesschau.»

12 P. Beveridge, *The Aborigines of Victoria and the Riverina*, 1889.

13 «Wer die thumi-Zauberei beherrscht, geht auf Luft, die die Geister zuvor eine Fußbreit über dem Boden weich und dicht gemacht haben. Da sich auch die Luft bewegt, befördert sie den Zauberer direkt zu seinem Opfer. Billy Emu, ein berühmter Weilwan-*karadji*, konnte 122 Kilometer am Tag zurücklegen und war somit genauso schnell wie ein Reiter», vermerkt Elkin 1944 in seinen Arbeitsnotizen. Pao-P'u-Tzu dagegen behauptet, daß es «Unsterbliche» gab, die an einem Tag eine Strecke von 12000 li (etwa 6400 km) schafften.

14 René Guénon, *The Lord of the World*.

15 K.L. Parker, *More Australian Legendary Tales*, London 1898.

16 Siehe auch *Das Buch Henoch*: «Sie trugen mich zum Himmel empor. Ich schritt weiter, bis ich zu einer Mauer gelangte, die aus Kristallen errichtet war... Als ich sie aufmerksam betrachtete, stellte ich fest, daß sich darin ein erhöhter Thron befand, der aussah, als sei er von Reif bedeckt.»

KAPITEL 2

Die Landschaft als Tradition und Metapher

«Das ganze Land ist die Geschichte des Volkes.»
T.G. Strehlow

Landschaften, wie es sie in Australien gab, bevor die Europäer im 18. und 19. Jahrhundert damit in Berührung kamen, wurden gemeinhin als ein Stück unberührte Natur bezeichnet. Das heißt, es war nicht das geringste Anzeichen von Kultur, geschweige denn von religiöser Verehrung feststellbar, da der sichtbare «Beweis» in Form von Bauwerken oder auch Kunstwerken fehlte, mit Ausnahme der wenigen sogenannten primitiven Artefakte, die darauf schließen ließen, daß in dem Land tatsächlich einmal eine zivilisierte menschliche Gesellschaft gelebt hatte. Wo solche Felsmalereien oder Steinreliefs auftauchten, wurden sie als primitiv und geistlos abgetan, blaße Ausdrucksform einer primitiven Mentalität, die unfähig oder nicht bereit war, die Idee vom materiellen Fortschritt aufzugreifen. Auf das ungeschulte Auge der «ethnozentrischen» Europäer wirkte die australische Landschaft absolut «leer», bar jeglicher Schönheit, sozusagen wie die Hölle auf Erden.

Ein Wandel dieser Ansichten vollzog sich nur sehr langsam. Natürlich erwärmten sich nachfolgende Siedlergenerationen schließlich doch noch für das, wie sie es nannten, «weite, offene Land» oder das «Ende der Welt», sahen sie doch in dieser Leere eine immer reizvollere Alternative zu der mit «teuflischen Fabriken» übersäten Industrielandschaft, die sich in ganz Europa auszubreiten begann. Auch zog es die ersten Siedler zunehmend aus den unsicheren Küstenorten ins Landesinnere, wo sie ein Paradies zu finden hofften, das den Namen «Heimat» verdiente. Den Garten Eden vor Augen, drangen sie weiter vor ins Unbe-

31

kannte, immer auf der Suche nach dem *New Country*, wie es offiziell hieß. Rasch entwickelte sich eine sogenannte Grenzmentalität, wonach der Landerwerb gleichbedeutend war mit Glück und Erfolg. Allerdings gaben sich die Neuankömmlinge nicht damit zufrieden, das Land nach Art der Aborigines zu nutzen, die als Jäger und Sammler umhergezogen waren. Ihnen war vielmehr daran gelegen, das Land mit staatlicher Erlaubnis zu parzellieren, damit es für ewige Zeiten in ihrem Besitz verbleiben konnte. So geschah es, daß die Autorität des Gesetzes einen komplizierten Teppich aus Vermessungseinheiten schuf, der den natürlichen Gegebenheiten der Landschaft in keiner Weise Rechnung trug.

Dessen ungeachtet hielt sich hartnäckig die illusionäre Vorstellung vom australischen Kontinent als ein Stück unberührter Natur. Die wachsende Zahl der Ortschaften, Überlandstraßen, Herrenhäuser, Bergwerke und Farmen konnte das charakteristische Aussehen dieses so einsamen, entlegenen Landes nicht wirklich verändern. Für eine Zeitlang waren viele bereit, hier zu leben, um sich an den Naturschätzen zu bereichern, doch im Alter folgte fast immer der Entschluß, den, wie Pascal es nannte, «unendlichen Raum» zu verlassen, um den Lebensabend in der Sicherheit etablierter Kulturzentren wie Sidney oder Melbourne zu beschließen oder gar ins ferne Mutterland heimzukehren. Das Land galt zum größten Teil als «ungeeignet für Weiße», nur in bezug auf ihre materialistische Einstellung bot es genügend Spielraum. Die Träumer waren nicht diejeningen, denen das Land heilig war, sondern jene, die daraus Profit schlugen.

Die Lebenskraft einer solchen Landschaft – das, was die Aborigines als kurunba bezeichnen – konnte auf die neuen Siedler allerdings nicht übergehen. Dieses Numen spielte in den philosophischen und religiösen Vorstellungen der Ureinwohner, vor allem in bezug auf die Erde selbst, eine zentrale Rolle. Für sie war das Stammesland kein «weites, offenes Land», das sich in der Ferne verlor, sondern eine zutiefst metaphysische Landschaft, die ihrem innigsten Verlangen nach Spiritualität Ausdruck verlieh. Was von den Europäern abfällig als «Blackfellas' country» bezeichnet wurde, war für die dort lebenden Aborigines der Inbegriff heiligen Bodens. Mit anderen Worten, der heilige Bezirk oder *Temenos* mußte nicht etwa durch ein Bauwerk verkörpert werden, wie es der «euro-zentrischen» Vorstellung von einer heiligen Stätte entsprach, sondern spiegelte sich in der Gesamtheit der Landschaft wider, das heißt, im Boden, in Felsformationen, Bäumen, Ebenen, Bergen, Insekten, Tieren und vielem mehr, letztlich im Menschen selbst. Das Band, das alle diese Dinge zusammenhielt, hatte seinen Ursprung in den mythologischen und symbolischen Botschaften, für die diese Dinge als Teil der Traumzeit oder des urzeitlichen Geschehens standen.

Was demnach für die ersten europäischen Siedler kaum mehr als eine unberührte Landschaft war, betrachteten die Aborigines als ein komplexes und lichtes geistiges Gebäude, vergleichbar einer Freilichtkathedrale. Sie lebten keineswegs an einem einsamen, trostlosen Ort, sondern inmitten eines Landes, das Glück und Wohlergehen versprach, sofern es die Hochachtung erfuhr, die ihm gebührte. Eine so enge Naturverbundenheit und die daraus resultierende Formulierung einer von Ritualen getragenen Kosmologie hatte unweigerlich zur Folge, daß die mit priesterlichen Aufgaben betrauten Aborigines des Pantheismus, des Totemismus und des Animismus bezichtigt wurden. Diese Theorien beruhten auf sogenannten empirischen Beobachtungen von Ethnologen, die unbedingt eine plausible Erklärung für die hochentwickelte Spiritualität der Aboriginies finden wollten. Diese Beobachter konnten einfach nicht glauben, daß man außer über anerkanntes kanonisiertes Recht oder besser noch über wissenschaftlichen Materialismus noch auf andere Weise mit dem Numen oder dem göttlichen Wesen als wirkende Kraft in Verbindung treten konnte. Der Zerstörung einer spirituellen Landschaft, verheerender als durch den Einsatz der Atombombe, stand somit nichts mehr im Weg.

Genau an diesem Punkt müssen wir uns fragen, wie eine Landschaft ihre «Unberührtheit» transzendiert und einen kulturellen oder sakralen Charakter entwickelt. Nach dem Glauben der Aborigines glich diese unberührte Landschaft vor der Traumzeit oder tjukuba – womit die mythische Urzeit gemeint ist – einer endlosen Ebene ohne jegliche Kontur. In diesem Sinne war die Landschaft unberührt, denn sie entsprach der Vorstellung vom «Chaos» (dem unendlichen leeren Raum). Erst mit Beginn der Traumzeit und der geheimnisvollen Ankunft von Himmelsheroen, die entweder aus der Erde hervortraten oder aus einer undefinierbaren höheren Region auf die Erde herabstiegen, erlangte die Landschaft eine wahrhaft kosmische Bedeutung und erhielt ihre heutige Gestalt. Am Ende der Traumzeit verschwanden die Himmelswesen wieder von der Erde, jedoch nicht, ohne ihre unverwechselbaren «Signaturen» zu hinterlassen – markante Landschaftsprofile, Berge und Täler, Bäume, Tiere – alle Erscheinungsformen des Lebens auf der Erde. Diese außergewöhnlichen Ereignisse, wie sie die Traumzeit verkörpert, dürfen jedoch nicht mit dem Beginn eines Goldenen Zeitalters verwechselt werden. Es handelte sich lediglich um ein urzeitliches Geschehen ohne irgendeine qualitative Bewertung, wie sie normalerweise mit der Erschaffung der Welt einhergeht oder wie sie jenen widerfährt, die das Ereignis initiiert haben.

Und so werden wir allmählich gewahr, daß sich das Land, so wie wir es kennen, verändert hat. Es ist nicht länger «das Ende der Welt», wie es so gern in den romantischen Balladen der Europäer genannt wurde. Statt dessen zeichnet sich immer deutlicher eine Kulturlandschaft vor uns ab, die ganz von der Lebenskraft *kurunba* durchdrungen ist. Wir dürfen aber nicht den Fehler begehen und diese «Lebenskraft» als eine Art animistisches Prinzip interpretieren, das die Erde wie im belebten Teil der Natur durch Nahrungsaufnahme und Atmung mit Leben erfüllt. Damit würden wir die empirische Beobachtungsgabe, die ja bei den Aborigines tatsächlich stark ausgeprägt ist, herabwürdigen. Kurunba oder «Lebenskraft» ist ein metaphysischer Begriff. Er bezeichnet eine kulturelle Schicht innerhalb der Landform, die durch die mythologische Beziehung zur Traumzeit beseelt wurde. Mit anderen Worten, die Landform ist in ihrem Wesen bildhaft geworden. Sie beinhaltet, nicht nur physische Merkmale (wie Form, Beschaffenheit, mineralischer Gehalt usw.), sondern besitzt auch eine *meta*-physischen Bedeutung. Eben diese Eigenschaft nennen die Aborigines *kurunba* – das heißt, die Kraft, die einem Wahrzeichen in der Landschaft seine ureigene Gestalt verleiht, eine Gestalt, die weit über ihre äußere Erscheinung hinausgeht.

Die Himmelsheroen, die durch ihr schöpferisches Wirken die Landschaft mit *kurunba* ausstatteten, waren echte Geistwesen mit sowohl göttlichen, menschlichen als auch animalischen Zügen. Wenn zum Beispiel die Rede ist vom Hare-Wallaby-Volk oder vom Wood-Gall-Volk, geht man im allgemeinen davon aus, daß diese Geistwesen nichts anderes als Anthropomorphismen lebender Tiere waren. Nach Meinung der Europäer gründete sich eine solche Auffassung auf eine kindliche Denkweise, vergleichbar den volkstümlichen Überlieferungen mit Elfen, Kobolden und Trollen. Wahre Spiritualität oder einen echten metaphysischen Ausdruck konnte bei Gebrauch von derart primitiven Metaphern nicht erwarten werden, da sie «nach unten» tendierten, zur Auflösung hin, und nicht «nach oben», zu dem, was ewig bleibt. Die Vorstellung, solche Geistwesen könnten möglicherweise komplexe metaphysische Wahrheiten über die Schöpfung, das Leben an sich und das Leben nach dem Tode verkörpern, wurde somit abgetan als bewußter Versuch, etwas zu «mystifizieren», was im Grunde primitiver Animismus war. Indem die Aborigines ihr Land als heiligen Tempel betrachteten, und die Geistwesen, die es erschaffen hatten, als Numen, verstießen sie in «gotteslästerlicher» Manier gegen die Gesetze, die den Grundbesitz regeln, und das Eigentum im allgemeinen, wie es im europäischen Recht verankert ist.

Nun bleibt es uns überlassen herauszufinden, wie eine Landschaft zur kulturellen Topographie wird und wie sie mit den Lebewesen dort in Verbindung steht. Denn diese kulturelle Topographie ist nicht alleine für Menschen bestimmt; die ganze Natur hat Anteil daran, seien es Vögel, Insekten, Säugetiere, Pflanzen oder Fische. Für das Volk der Aborigines war dies ein Glaubensartikel. Zwischen ihrem Leben und dem der restlichen Natur bestand eine Wechselbeziehung, die keinem eine Vorrangstellung einräumte. Die Aborigines sahen sich nämlich keineswegs als die «Krone» der Schöpfung, wie es bei den meisten Weltreligionen der Fall ist, wo der Mensch deifiziert wird. Das Leben als solches war ein Geflecht aus sich gegenseitig beeinflussenden Teilchen, mit Mensch und Natur als ebenbürtigen Partnern. Die Aufgabe des Menschen bestand darin, den zeitlosen Augenblick der Traumzeit durch Rituale und Zeremonien unter Zuhilfenahme der belebten und unbelebten Natur wiederaufleben zu lassen. Jede Teilung von Mensch und Natur galt als Unglücksfall, ausgelöst durch die Kluft zwischen den Menschen und ihrem Wissen um die Traumzeit, aber kein immerwährender Bruch, wie die Zeitkluft vermuten läßt, die die Menschen vom urzeitlichen Geschehen als solches trennt.

Das Stammesland wurde also zu einer lebendigen Wesenheit, insoweit als es zum allgemeinen Lebensunterhalt beitrug. Das Fazit dieser einzigartigen Beziehung war, daß das Land die aktive Mitarbeit des Menschen *benötigte*, wollte es sich selbst als kosmisches Prinzip erfüllen. In gleicher Weise war aber auch der Mensch auf das Land angewiesen, wollte er sein eigenes kosmogenes Selbst erfahren. Durch solch eine Symbiose wurde es *illud tempus*[1] notwendig, diese Beziehung durch rituelle Handlungen zu bekräftigen, um so eine Brücke zu schlagen zwischen der irdischen und der überirdischen Welt. Mit anderen Worten, um zu «leben» und Früchte zu tragen, mußte die Erde *im gleichen Maße* wie der Mensch im Ritual ihrer heiligen Existenz gedenken. Aus diesem Grunde waren die Aborigines sehr darum bemüht, den jährlichen Zyklus der Zeremonien korrekt und mit der nötigen Ehrerbietung zu beenden. Sie wußten nämlich, daß die Erde bei Nichteinhaltung «verhärten» und damit in ihrer Fruchtbarkeit eingeschränkt würde. Dürre, Flut, Krankheit, Mangel an jagbaren Tieren usw. passierten nicht von allein, sondern wurden von Mensch und Erde verschuldet, weil diese nicht auf ihre rituelle Bindung untereinander und zur Traumzeit geachtet hatten.

Daraus entwickelte sich eine Vorstellung, die Landschaft mit numinosen Wahrzeichen anzufüllen. Das bedeutete, daß vom Augenblick der Traumzeit an das Land als Verkörperung des schöpferischen Handelns der Himmelshelden zu einer bildhaften Darstellung jener Geschehnisse wurde. Mit anderen Worten, die Aborigines waren bereit, ihr Stammesland als symbolische Landschaft zu sehen. Und es ist auch nicht zu leugnen, daß sie ihr Land erst nach dem Traumzeitgeschehen als heilig betrachteten. Denn die der Landschaft zugeordneten Mythen in Form von Liedern und Geschichten waren keine Erfindung der Aborigines, sondern Überlieferungen der Himmelswesen an ihre Ahnen. Die Kultur der Landschaft, das heißt, die heilige oder ursprüngliche Geschichte über eine bestimmte Region, war eine Realität von außerirdischer Dimension und zugleich ein Geschenk an die Aborigines, das sie für alle Zeiten wie einen Schatz hüten sollten. Bei diesem Kontrast zwischen Kulturlandschaft einerseits und europäischen Eigentumsrechten andererseits kommen wir nicht umhin, den Schluß zu ziehen, daß ersteres ein metaphysisches Geschenk ist, zu treuen Händen verwahrt von einem Volk, dessen Überleben davon abhängig ist, während es sich bei letzterem um einen materiellen Erwerb zum ganz persönlichen Nutzen handelt.

Die gegenseitige Abhängigkeit von Mythos und Landschaft wurde somit der *Modus operandi* für eine klare Definition von kultureller Identität. Die Aborigines erkannten die Bedeutung des Landes als Gedächtnisstütze zur Erinnerung an das Traumzeitgeschehen. Da ihre Kultur größtenteils auf mündlichen Überlieferungen beruhte, war es wichtig für sie, zumindest einen bildhaften Bezugspunkt zu haben, von dem aus sie den Kontakt mit ihren Ahnen und mit der *tjukuba* pflegen konnten. Vergleichbar dem chinesischen Schriftzeichen, dessen philologische Ursprünge mehr im aktiven Geschehen – das heißt im Verb – als im Substantiv liegen (das Schriftzeichen für «Ost» wird beispielsweise durch die hinter einem Baum aufgehende Sonne dargestellt) entwickelten auch die Aborigines eine Reihe von Zeichen, eine visuelle Syntax, die sowohl dem kosmogenen als auch dem metaphysischen Glauben gerecht wurde. In diesem Augenblick wurde die Landschaft zu einem wichtigen Vermittler im Dialog zwischen Mensch und Erde. Die Zeichensprache, die der Mensch als Antwort auf das Bedürfnis, eine kosmogene oder metaphysische Realität zum Ausdruck zu bringen, erkannte, war der Beitrag der Landschaft zu diesem Dialog. Felsen, Landschaftsformationen, Flora, Fauna usw. hatten eine visuelle Sprache hervorgebracht, die es dem Menschen ermöglichte, mit den Himmelswesen zu kommunizieren und dadurch den ewigen Augenblick der Traumzeit neu zu erschaffen.

Alles war nun bereit für die Umwandlung der Landschaft aus ihrem Zustand der Unberührtheit vor dem urzeitlichen Geschehen in das, was Leo Frobenius das Schaffen einer «Paideuma» zum Ende der Traumzeit nannte. Die Paideuma ist «das Gewirr fest verwurzelter Ideen» oder «die knorpligen Vorstellungswurzeln», die die Grundlage jeder Kultur bilden. In der Erkenntnistheorie von Mencius (Meng-tse) heißt es, daß die Alten (die Vorfahren) das Licht, das entsteht, wenn man den Dingen auf den Grund schaut und danach handelt, zu erklären und zu verbreiten suchten. Indem die Aborigines mitten ins Herz der sinnlich wahrnehmbaren Welt blickten, entdeckten sie eine symbolträchtige Sprache für sich, die diese fest verwurzelten Ideen zu entwirren vermochte, so daß sie in relativer Harmonie mit sich und ihrer Umgebung leben konnten. Von da an war die Landschaft nicht mehr bloß ein Metapher für die Schöpfung, *tjukuba,* sondern selbst ein Teil der Tradition geworden. Die Landschaft hatte seit ihrem ursprünglichen Zustand des «Chaos» – seit ihrem Zustand der Unberührtheit – eine gewaltige Entwicklung genommen, das heißt, sie nahm nunmehr aktiv an der Kulturschöpfung teil.

Von da an war die Landschaft eine unerschöpfliche Informationsquelle für das Heilige. Kaum waren die rituellen Schlüssel gefunden, konnten sich die Türen zur Welt der *tjukuba* und zu ihrem Pantheon der Geistwesen und heiligen Ereignisse in ihrer ganzen Herrlichkeit offenbaren. Es war nicht länger eine «leblose» Welt, die die Aborigines bewohnten, kein öder Kontinent von unendlicher Weite, in dem der Mensch von sich selbst und seiner Umgebung entfremdet wurde. Statt dessen war daraus ein mannigfaltiges Gefüge aus Mythen und Sagen erwachsen, das in Zeiten kultureller Erneuerung sicheren Schutz bot. Voraussetzung für solch ein geheimes Einverständnis war jedoch, daß das Land den Menschen eine Geschichte zu erzählen hatte, und alles, was die Menschen tun mußten, war zuhören. Was sie dann hörten, war nicht nur die «Geschichte ihres Stammes», sondern die ganze Enstehungsgeschichte. Ihre eigene Kultur und die der Himmelshelden war auf wundersame Weise in dieses Land hineingeschrieben worden. Es deutete auf göttliche Intervention hin, auf eine Weisung, die jegliche Verbesserung oder Änderung von vornherein ausschloß. Mit anderen Worten, das Traumzeitgeschehen war so vollständig und endgültig, daß nicht die geringste Notwendigkeit bestand, die wirkliche Welt in irgendeiner Form neu zu ordnen. Sie war, soweit es die Aborigines betraf, eine heilige Welt und somit vollkommen.

An diesem Punkt erahnen wir bereits den aufkeimenden Konflikt zwischen zwei gegensätzlichen Kulturen, die ein und dasselbe Land bewohnen. Auf der einen Seite steht die schwarzaustralische Kultur, die das Land als lebenswichtigen Partner sieht, dem sie sich liebevoll verbunden fühlt, auf der anderen Seite eine europäische Kultur, die in ihrer Unzufriedenheit über die landschaftliche und spirituelle Leere das Land mit banalen wirtschaftlichen Imperativen zu verändern suchte, um der materialistischen Weltanschauung gerecht zu werden. Die in der Landschaft verkörperten «knorpligen Vorstellungswurzeln» – ihre

Paideuma, das heißt, alles das, was die Aborigines seit der Traumzeit gehegt und gepflegt hatten, war nun von der Zerstörung bedroht, und zwar durch ein Volk, das unter dem Druck kartesianischer, comtescher und darwinistischer Pedanterie seiner eigener Kultur entsagt hatte. All das sollte jetzt auf eine gewissermaßen jungfräuliche Landschaft abgewälzt werden, um sie dahin gehend zu ändern, daß sie zu kulturellen Nomaden paßte, die nicht länger bereit oder in der Lage waren, sich in ihrer eigenen Paideuma anzusiedeln. Man könnte nun fragen, wie sich diese kulturelle Topographie offenbart. Auf welche Weise verkörpert die Landschaft diese charakteristische Paideuma der Aborigines, damit sie zu einem gültigen metaphysischen Ausdruck wird. Um das Netz von Bedeutungen zu entwirren, das sich um jene historischen und hagiographischen Ereignisse in einer Landschaft spinnt, müssen wir unsere Mentalität dahin gehend ändern, daß wir in Bildern denken. Auch Schwaller de Lubicz, der für das Forschungsgebiet der Hieroglyphen Pionierarbeit leistete, plädiert für ein symbolisches Denken. Wir dürfen der Natur nicht länger erlauben, durch den dialektischen Schleier der westlichen Wissenschaft zu uns zu sprechen, dem wir seit dem Verfall der Geheimlehre im Christentum des 14. und 15. Jahrhunderts so bereitwillig erlegen sind. All das führte nur zu einer Trennung von unserem Urintellekt und zum Verlust der Fähigkeit, die Gegenwart des uns allzeit umgebenden Numinosen wahrzunehmen. Wird aber die Gegenwart des Numens durch rituelle Handlungen und «imaginale» Wahrnehmung in der Landschaft erkannt, kann sich die Traumzeit *illud tempus*, das heißt, außerhalb der Zeit, manifestieren. Diese Art zu denken und zu verstehen ist typisch für die Aborigines, und nicht zuletzt hat sie diesen Menschen im Laufe unzähliger Jahrtausende das Überleben gesichert. Tatsächlich ist die Kultur der Schwarzaustralier wahrscheinlich die älteste und beständigste und seit ihrem Bestehen von den typischen Entartungserscheinungen verschont geblieben, die wir mit dem Begriff Dekadenz assoziieren. Die Vorstellung von einer «dekadenten» Kultur der Ureinwohner Australiens entspringt dem europäischen Einfluß und Denken aus jüngster Zeit, denn bis zur Ankunft der Europäer im 18. Jahrhundert hatte die Kultur der Ureinwohner in dem enormen Zeitraum von 40 000 Jahren weitgehend unverändert existiert und den Menschen stets den spirituellen Beistand gewährt, der als Stütze einer Gesellschaft auf dem Höhepunkt ihrer verstandesmäßigen und sozialen Vitalität unerläßlich ist.

Es gilt also die Art und Weise zu untersuchen, wie die Aborigines ihr Stammesland betrachteten und was sie darin sahen. Zuallererst müssen wir unsere Einstellung zur Mythologie als eine simple, wenn nicht «primitive» Ausdrucksform überdenken und sie statt dessen als eine komplexe metaphysische Sprache und einen Quell der Wahrheit anerkennen. Sobald wir begreifen, daß eine topographische Geschichte über eine bestimmte Landschaft aus dem Munde eines Stammesmitgliedes nicht eine beliebige Geschichte ist, sondern eine Darlegung mythischer Tatsachen, werden wir auch verstehen, was es (für uns) heißt, zu einer symbolischen Denkweise zu gelangen. Wenn wir uns dem mächtigen Monolithen in Zentralaustralien nähern, bekannt unter dem Namen Uluru (Ayers Rock), sehen wir uns plötzlich mit einem physischen Gebilde in der Gestalt eines Felsens konfrontiert, gleichzeitig aber auch mit einer metaphysischen Gegenwart in Form von Mythen, die sich um diesen Inselberg ranken. Sicher, Uluru in seiner jetzigen Form verdankt seine Entstehung Witterungseinflüssen, Aufwölbungen usw., aber nur als Folge der Intervention von Himmelswesen. Die Aborigines glauben, daß die Natur nicht willkürlichen Gesetzen unterworfen ist, sondern dem Schutz und der unmittelbaren Führung von übernatürlichen Wesen untersteht, die selbst auch wieder Manifestationen des Numens sind. Die topographischen Geschichten, die auf Uluru bezogen sind, berichten in mythologisierter Form über die Entstehung des Felsenberges während der Traumzeit. Sie sind nicht, wie manch einer meinen könnte, phantasievolle Gedankengebäude zu Ehren von Ayers Rock, um in Ermangelung jeglicher wissenschaftlicher Kenntnisse seitens der Aborigines seine Entstehung «wegzuerklären».

Und so wird uns allmählich klar, daß im Fall von Uluru wie auch bei anderen über den ganzen Kontinent verstreuten Freilichtkathedralen der Fels sowohl eine metaphysische als auch eine geologische Realität ist. Hier breitet sich die gesamte kulturelle Stammesgeschichte vor uns aus, in diesem Fall die der Pitjandjara aus der zentralaustralischen Wüstenregion. Auf eben dieses Artefakt müssen wir unsere Aufmerksamkeit richten, wenn wir die Beziehung zwischen Mensch, Natur und Landschaft einerseits und Geist, Kultur und Tradition andererseits verstehen wollen. Der mächtige Fels ist sowohl ein Epos für alle, als auch für manche eine warnende Geschichte, für andere ein Quell heiliger Gesetze und Ethik und für die wenigen, die danach streben, *Mekigar* (wörtlich «Mann der Magie») oder Stammespriester zu werden, eine Fundgrube esoterischen Wissens.

Um in diese Welt einzutreten, müssen wir zunächst einige Beispiele betrachten, die uns Einblick verschaffen in das von den Himmelswesen initiierte Schöpfungsgeschehen der Traumzeit. Fast die gesamte Südseite von Ayers Rock wurde zum Beispiel während des Kampfes zwischen den Liru, den Giftschlangenleuten, und den Kunia, den Rautenpythonleuten, geformt. Der Überlieferung nach zogen die Kunia ursprünglich zu einer Wasserstelle an einem Sandhügel, wo sich heute, von ihrem Territorium aus im Osten, Uluru erhebt. Dort errichteten sie ein Lager, und am Ende der Traumzeit mutierten sie in Naturphänomene. Leute vom Kunia-Stamm der Himmelswesen (und Totemahnen oder Vorfahren der Pitjandjara) wurden zu Findlingen oder Steinplatten in engen Felsschluchten, leicht zu erkennen an ihrer symbolischen Schambehaarung, an den Kochgeräten, die sie bei sich tragen, oder an ihrer speziellen Sitzhaltung am Boden.

Zwischen den Kunia und den Liru, entbrannte nun aber ein Kampf, denn die Liru waren die Störenfriede unter den Himmelswesen. Speere flogen durch die Luft, und noch heute sieht man die metamorphosierten Körper der jungen Liru-Krieger als Kasuarbäume und Sandhügel in der Landschaft. Minma Bulari (das heißt, eine verheiratete Frau), eine Kunia-Frau auf der Flucht, gebar ein Kind. Dabei ließ sie eine Höhle entstehen, in der ein kleinerer Eingang zu einer zweiten Höhle die weibliche Scham symbolisierte, die sich zu Bularis Gebärmutter öffnete. Knieabdrücke der Frauen, die bei der Geburt assistierten, finden sich unweit der Stelle. In der Zwischenzeit fielen die Liru erneut über die Kunia her und richteten schlimme Verwüstungen an. Der Zweikampf zwischen dem Liru-Führer Kulikudjeri und einem jungen Kunia-Krieger endete auf beiden Seiten mit schweren Verwundungen. Beim Versuch, wegzukriechen, verblutete der junge Kunia-Krieger, und die Blutspur, die er hinter sich herzog, ist heute ein Wasserlauf. Als die Mutter des jungen Kriegers erfuhr, daß ihr Sohn gefallen war, attackierte sie

Kulikudjeri mit ihrem Grabstock und schlug ihm die Nase ab. Diese Nase ist heute eine gewaltige Felsplatte, die sich von der Hauptmasse der Felseninsel gelöst hat. Seine Augen und die Nasenlöcher sind bis auf den heutigen Tag in dem Gesicht aus Fels erhalten geblieben. Unter seiner abgetrennten Nase haben sich hie und da Pfützen gebildet, die das verwandelte Blut des sterbenden Liru-Krieger verkörpern.

Der Überlieferung nach war der Kampf aber noch lange nicht zu Ende, denn eine andere Gruppe von Liru-Kriegern umzingelte und attackierte die verbliebenen Kunia an der Uluru-Wasserstelle, die sich heute oben auf dem Felsen befindet. Trotz hoher Verluste im eigenen Lager gelang der Kunia-Frau, die ihren Sohn verloren hatte, zusammen mit ihrem Mann und einigen anderen die Flucht in ein anderes Lager am östlichen Ende von Uluru. Die Spuren, die die Flüchtenden hinterließen, als sie die Felswand hinunterfielen, sind jetzt als waagerechte Gesteinsschichten auf der Nordseite des Felsens zu sehen. Endlich, nach großen Verlusten auf beiden Seiten, zogen die Liru in eine andere Gegend, um dort ihr Unwesen zu treiben. Wohin sie auch gingen, sie schafften es immer wieder, die geographischen Gegebenheiten gehörig durcheinanderzubringen, wie sie es schon in Uluru bewiesen hatten.

Oberflächlich betrachtet bewegt sich diese stark verkürzte Geschichte auf der Ebene des kosmogenen Dramas, das sich in Uluru zur Traumzeit zugetragen hatte. Zur eigentlichen Geschichte gehören diverse Nebenhandlungen, die für fast alle sichtbaren Erkennungszeichen auf der Südseite eine plausible Erklärung liefern. Zahlreiche andere Geschichten berichten über die restliche Entstehung des Felsenberges, und jede Geschichte hat ihren eigenen rituellen Liederzyklus sowie *churingas* oder Tjurungas, die während der Zeremonien als Gedächtnisstütze dienen. Auf diese Art und Weise wird das Traumzeitgeschehen mit Mythen und Sagen untermauert, die jedem Stammesmitglied, ob jung oder alt, weiblich oder männlich, die exoterische Bedeutung des Felsens zugänglich machen.

Es gibt allerdings verschiedene Ebenen, auf denen solche Geschichten angesiedelt sind. Auf einer Ebene steht das Abenteuer im Vordergrund, der Kampf zwischen den Himmelsheroen um die Vorherrschaft, die Schilderung ungeheurer Zwangslagen, die den Menschen als Vorbild und Informationsquelle dienen. Auf einer überirdischen Ebene finden auch die diversen archetypischen Leidenschaften Ausdruck, die den Menschen eine Klärung der eigenen Reaktion auf solche Leidenschaften ermöglichen, wenn diese in ihrem Leben auftauchen. In dieser Hinsicht bekunden die Geschichten sowohl eine erbauliche als auch eine belehrende Absicht. Erbaulich wirken sie insofern, als sie den Menschen als Vorbilder dienen, an denen sie ihre eigenen Verhaltensweisen messen können. Gleichzeitig haben sie eine didaktische Aussage, wenn es darum geht, die Menschen darin zu unterrichten, «wie» und «warum» Dinge auf einen bestimmte Weise getan werden. So hat zum Beispiel die Geschichte über die gebärende Kunia-Frau für Kinder, die unbedingt den Ursprung der fraglichen Höhlen wissen wollen, mit Sicherheit die Funktion einer «Aufklärungsfibel». Das für die Öffentlichkeit bestimmte Geschichtenerzählen spielte eine wichtige Rolle bei der kulturellen Erneuerung, insbesondere nach Beendigung der Mythenbildung zum Ende der Traumzeit. Obgleich die Himmelswesen in gewisser Hinsicht «amoralisch» wirkten, sollte nicht vergessen werden, daß ihre Heldentaten denen der griechischen oder vedischen Götter im Grunde sehr ähnlich waren. Die Aborigines konnten sehr wohl unterscheiden zwischen ihrem eigenen Verhalten als Stammesangehörige und dem der Himmelswesen, die über jede Kritik erhaben waren, denn sie wußten, daß den Himmelswesen als Initiatoren der Weltschöpfung ein ganz anderes Betätigungsfeld zustand als ihnen selbst.

Die kulturelle Landschaft offenbarte sich somit über den Mythos. Sie war nicht mehr unberührte Natur, sondern eine Bibliographie der Bedeutung für ein Volk mit einem enormen Erinnerungsvermögen und einem ausgeprägten Sinn dafür, Informationen genauso weiterzureichen wie sie empfangen wurden. Die mündliche Überlieferung von allgemein zugänglichen Geschichten und heiligen Traditionen war eine ernstzunehmende Angelegenheit. Die Rolle des Erzählers, der über eine Traumzeitstätte in der Region des Felsens berichtete, oblag einem Mann, der gewöhnlich schon von Geburt an von seinem jeweiligen Traumzeitahnen «besessen» war. War jener ein Hare-Wallaby-Mann oder ein Giftschlangenmann, dann mußte er sich die Geschichten merken, die um seine Totemstätte kreisen, und sie an seine Stammesbrüder oder jüngere Initiierte weitergeben. Dies geschah auf rituellen Veranstaltungen und bei Zeremonien, die meist auf der Totemstätte selbst stattfanden. Als Informant wurde von ihm erwartet, daß er jede Einzelheit der ihm bekannten Schöpfungstaten exakt wiedergab, damit sich diese Bruchstücke zu einem Ganzen zusammenfügen konnten.

Dieses Ganze war Gegenstand bedeutender Kulthandlungen, zu denen die verschiedenen Stämme der Region zusammenkamen, um die geheimen Mythen vorzutragen, entweder in Form von tänzerischen Darbietungen (*corroborees*) oder mittels Gesang.

Genau an diesem Punkt müssen wir uns überlegen, wie sich kulturelle oder heilige Topographie in Kunst übertragen läßt. Die Landschaft bleibt keineswegs ein statisches Gebilde, das nur durch seine «Signaturen» in Form von Mythen und Märchen belebt wird. Die Aborigines gaben sich alle Mühe, «in die Landschaft einzutauchen», wie es Gerard M. Hopkins nannte, dabei die Rhythmen des Landes in sich aufzunehmen und diese als Musik, Sand- und Höhlenmalereien, Körperbemalung und als die häufig auf den Tjurungas eingeritzten Diagramme zum Ausdruck zu bringen. Wenn wir diese verschiedenen Kunstformen betrachten, erahnen wir bereits die ganze Tiefe des Dialogs zwischen Mensch und Erde. Es hat den Anschein, als wäre es nicht so sehr der Mensch, der die erforderliche Ästhetik zur Neuerschaffung der Erde als Kunstobjekt bestimmt, sondern vielmehr die Erde selbst. Daher gibt es zum Beispiel auch nur vier heilige Grundfarben für die Höhlenmalerei: rot, gelb, weiß und schwarz (roter und gelber Ocker, Töpfer- oder Pfeifenton und Holzkohle). Darüber hinaus lassen sich die abstrakten Ornamente, die Tiere, menschliche Tätigkeiten, physikalische Eigenschaften usw. darstellen sollen, allesamt von deren Erscheinungsbild auf Erden ableiten. Konzentrische Kreise können zum Beispiel Männer mit entsprechender Körperbemalung, aber auch die Brüste einer Frau bedeuten. Drei parallel angeordnete Längslinien können die Narben auf einem männlichen Körper darstellen, sind aber auch als Spuren von Jägern zu deuten. Konzentrische Halbkreise weisen auf einen Lagerplatz hin, während ein hufeisenförmiges Ornament ein am Boden hockender Mensch bedeuten kann. Konzentrische Quadrate stehen ebenfalls für einen Lagerplatz. Ein aus parallelen Linien geformter Halbmond kann sowohl ein Lager mit Windschutz als auch am Boden liegende Menschen bedeuten.

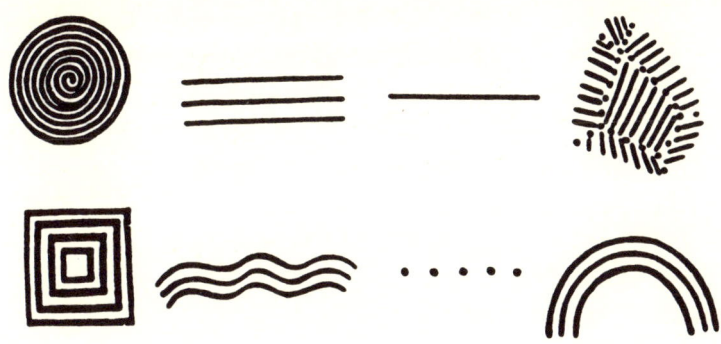

Gleichwohl die willkürliche Verwendung solcher Muster auf den ersten Blick verwirrend erscheint, ist dies keineswegs der Fall. Es bedeutet schlichtweg, daß im Zusammenhang mit der jeweiligen Geschichte das Ornament stets als das erkannt wird, was es darstellen soll. Und wenn nicht, dann liegt es daran, daß die Geschichte teilweise in den esoterischen Bereich hineinreicht und deshalb vom zuständigen Traumzeit-Geschichtenerzähler erklärt werden muß.

Beim Studium der Tjurungas sehen wir uns jedoch einer anderen Art von Ausdruck gegenüber. Denn das Sakralholz wird als eine konzentrierte Form der Lebensenergie kurunba gesehen. Die Aborigines glauben, daß allein schon der Körperkontakt mit diesem Kultobjekt ausreicht, um kurunba in sie übergehen zu lassen und sie mit frischer Kraft und Vitalität zu erfüllen.[2] Mit anderen Worten, der Tjurunga ist eine konzentrierte Version der Traumzeitstätte, die er darstellt. Gleichzeitig ist er ein Ideogramm, das unter Verwendung von Kürzeln alle Einzelheiten des Traumzeitgeschehens erklärt, das in der Zeremonie vergegenwärtigt wird. Bei Uluru sind 25 Tjurungas bekannt, die von den Ereignissen im Zusammenhang mit fünf verschiedenen Mythen berichten. Alle diese Sakralhölzer tragen unterschiedliche Muster, die von den Stammespriestern, die eine genaue Kenntnis von dem jeweiligen Traumzeitgeschehen haben, mühelos entziffert werden können. Tjurungas werden in einem sicheren Versteck an den Kultplätzen aufbewahrt und auch nur während der Kulthandlungen angefertigt. Sie sorgen für einen reibungslosen und fehlerfreien Ablauf der Rituale. Am

Ende der Zeremonie werden sie in Rinde gewickelt und sicher versteckt. Einige dieser Kultobjekte sind uralt und nach Aussagen ihrer Hüter Geschenke der Himmelswesen an ihre Vorfahren. Wie die christlichen Reliquien verkörpern sie die besondere Kraft des göttlichen Wesens, die dem Menschen sowohl im spirituellen Sinne von Nutzen ist als auch durch ihre unmittelbare Nähe zur Kultstätte und zur Traumzeit selbst.

Bei der Körperbemalung haben wir es wieder mit einer Vielzahl von Mustern zu tun, die von der Erde selbst abstammen. Die Muster, die mit den verschiedenen Traumzeitereignissen in Verbindung stehen, werden auf die Körper der Stammespriester aufgemalt, um bei wichtigen Zeremonien die Himmelsheroen zu vergegenwärtigen. Das Gemisch aus Adlerdaunen, Federn und Ockerpulver wird mit Schweiß und Menschenblut aus einer Armvene aufgebracht. Die Körperbemalung soll den Stammespriester von einem gewöhnlichen Sterblichen in ein Abbild des Himmelswesens verwandeln, das auf die Erde zurückgekehrt ist. Der Auftritt des Stammespriesters in der Bemalung der Himmelswesen ist ein Zeichen dafür, daß die Traumzeit für die Dauer des Rituals an der Kultstätte wiederhergestellt ist. Solange der Mann eine solche Körperbemalung trägt, ist er streng genommen nicht er «selbst», sondern eine Verkörperung des Himmelsheroen. Die kunstvollen Verzierungen, die er trägt lassen sich auch hier wieder von markanten Landschaftsformen ableiten. Die Komplexität des künstlerischen Ausdrucks wird dabei wesentlich stärker von der Schönheit der Erde bestimmt als von der Zurückhaltung, die der Künstler bedingt durch seine begrenzten Mittel üben muß. Sein symbolisches Denken versetzt ihn in die Lage, die Quellen der Erde unter Zuhilfenahme von *kurunba* anzuzapfen, um somit die außergewöhnliche Vorausschau des Numens zum Ausdruck bringen zu können.

Die Sandmalerei ist ein künstlerisches Ausdrucksmittel, das bei wichtigen Zeremonien in der zentralaustralischen Wüstenregion häufig zum Tragen kommt. Mit Blut und Wasser wird zuerst der Untergrund für das Kultbild gehärtet. Dann wird entsprechend dem zu übertragenen Bild roter und gelber Ocker zusammen mit Federn und Daunen auf den Boden aufgetragen. Diese «Gemälde» bilden den Hintergrund einer Kulthandlung oder werden als vergrößerte Tjurungas verwendet, die – zumindest für die Dauer des Rituals – von *kurunba* durchdrungen sind. Und so werden diese Bodenbilder in gleicher Weise wie Altar und Kelch bei der Feier der heiligen Eucharistie zu Werkzeugen, mit denen der kultische Akt vollzogen wird.

Parallel zum allgemein zugänglichen Bereich existiert auch in der Kunst, bei der mündlichen Überlieferung und beim Gesang ein esoterischer Bereich. Das Drama der Schöpfung, wie es diese Kunstformen wiedergeben, birgt in sich eine tiefere Schicht von metaphysischer Erfahrung. Dieses Wissen ist nicht allen Stammesmitgliedern zugänglich, und kein Mann hat darauf einen Rechtsanspruch, nur weil er in die Pubertät gekommen ist oder sich als Krieger besonders hervorgetan hat. Geheimwissen wird nur an bestimmte Stammesangehörige weitergegeben, an jene, die als «weise» gelten oder die bereits verschiedene Weihen erhalten haben. Sämtliche *mekigars* sind auf diesem Wissensgebiet «Männer von hohem Rang», aber auf Wunsch können auch andere Männer dieses Wissen erlangen. Europäer tun sich sehr schwer damit, im Zusammenhang mit den Aborigines von Heiligkeit zu sprechen, denn mit diesem Begriff verbinden sie anerkannte Formen der Religiosität. Nichtsdestotrotz ist Heiligkeit für die Aborigines ein wichtiger Bestandteil ihrer Kultur. Potentielle Stammespriester werden aus diesem Grunde häufig gebeten, sich den «Auserwählten» anzuschließen, wenn sie meditieren und sich für längere Zeit in die Einsamkeit zurückziehen. Die esoterische Lehre kann also nur unter Beachtung bestimmter Rituale weitergegeben werden. Es gibt zum Beispiel geheime Kulthandlungen, bei denen nicht eingeweihte Stammesangehörige nur aus der Ferne zuschauen dürfen. Metaphysische Wahrheiten werden aus Angst vor Mißbrauch oder Verspottung niemals achtlos verbreitet. Es liegt schon in der Natur der Sache, daß esoterisches Wissen nicht zum «Allgemeinwissen» werden kann, denn es bleibt nur dann lebendig, wenn es geheim gehalten wird. Die reiche Symbolik des esoterischen Denkens erschwert auf jeden Fall das Verständnis, es sei denn, die symbolträchtige Sprache wird von einem erfahrenen Stammespriester erlernt. Entgegen dem westlichen Vorurteil besteht esoterisches Wissen aber keineswegs nur aus einer Litanei von Zauberformeln, die bewirken sollen, daß der Wildbestand in einer Region zunimmt oder daß es regnet. Natürlich werden solche Bitten in Zeiten der Not gelegentlich an die

Himmelswesen herangetragen, aber auf eine Art die mehr der Kompli-
zenschaft als der flehentlichen Anrufung entspricht. Einmal mehr erleben wir eine gleichzeitige Reaktion von Mensch und Natur auf ein Dilemma, vor dem beide stehen: die Unterbrechung im ewigen Rhythmus
und die Notwendigkeit, die metaphysische wie die physische Ordnung
wiederherzustellen. Das esoterische Wissen macht einen wesentlichen
Teil bei der Wiederherstellung dieser Ordnung aus. Nur wer den Qualen auf den «Grund» geht, das heißt, zurückkehrt ins Traumzeitgeschehen, wo das Zusammenspiel von Dürren, Seuchen, Krankheiten
usw. geregelt wurde, kann ein gewisses Maß an Verständnis und Ent-
gegenkommen erwarten. Ein solches «Wissen» läßt sich dann an nichteingeweihte Stammesmitglieder auf eine Art weitergeben, daß ihr
Glauben in die kosmische Ordnung wiederhergestellt wird. Genau dies
ist dann der Augenblick, in dem die meisten Wunder passieren. Auf un-
erklärliche Weise kann zum Beispiel ein *megikar* mit Zauberformeln
und magischen Handlungen den Regen herbeiführen, weil es ihm dank
seiner esoterischen Erfahrungen möglich ist, bestimmte Informationen
direkt aus der Natur abzufragen.

Allmählich beginnen wir zu verstehen, was es heißt, die Landschaft als
eine Verkörperung der Tradition zu sehen. Wenn uns die Aborigines zeigen, daß Tradition und Kultur sie nicht nur überleben lassen, sondern
neue Kräfte für die Erhaltung der Menschheit liefern, dann dürfen wir
das Land nicht länger als eine passive Komponente ohne einen Funken
Sensibilität betrachten. Es gibt eine Vielzahl von heiligen Stätten über
ganz Australien (und die Welt) verstreut, und sie alle zeugen von der
tiefen Verbundenheit von Mensch und Natur. Jede dieser Stätten ist ein
Temenos, das eine Leere in der profanen Welt ausfüllt. Als sichtbare Gedächtnisstützen gemahnen sie die Menschen an ihre Verantwortung,
die mystische Einheit aller Dinge zu wahren. Echte Kulthandlungen
können nur unter diesen Bedingungen stattfinden. Natürlich waren
sich die Aborigines voll und ganz ihrer Rolle in diesem allegorischen
Aufzug bewußt. Indem sie ihr Land heilig hielten, wurden sie sich ihrer
eigenen «Hierophanie» bewußt, und das war für sie das Träumen. Es
muß an dieser Stelle noch einmal ausdrücklich darauf hingewiesen werden, daß die Traumzeit als solche keine Religion ist. Im Gegensatz zu
vielen Weltreligionen kennt die Traumzeit keine zentrale Gottesfigur

wie Christus, Buddha, Mohammed oder Konfuzius. Auch sind ihre Wurzeln nicht historisch begründet, wie es bei anderen Religionen der Fall ist. Die Traumzeit gibt vielmehr Aufschluß über das Schöpfungsgeschehen *illud tempus*, und in gewisser Hinsicht kann jeder einzelne daran teilhaben. In diesem Sinne stellt die Traumzeit für die Aborigines eine metaphysische Disziplin dar, die jedoch keine spirituelle Vorrangstellung für sich beansprucht, wie es bei den meisten Offenbarungsreligionen (zum Beispiel Christentum und Islam) der Fall ist. Die Traumzeit oder das Träumen ist, um es mit Dantes Worten zu sagen, weniger ein Ort als vielmehr ein Zustand. Der australische Ureinwohner betritt die Traumzeit bei der Ausübung eines Rituals, gleichsam in der Verkörperung eines Himmelswesens.

Eine so einzigartige Beziehung zwischen Mensch und Geistwesen erfordert allerdings einen tiefen Einblick in die «Arbeitsweise» einer Landschaft. In dem Wissen, daß die Erde ihn erschaffen hat, kann sich der Schwarzaustralier getrost auf die Reise begeben durch die komplizierte, aber auch großartige Kulturlandschaft, der seine eigene heilige Tradition innewohnt. Er sieht das Land als metaphysisches Gefüge. Er versteht seine spirituellen Rhythmen, und er paßt sich seinem zyklischen Wechsel an. Alles, um was er bittet, ist die tägliche Nahrung und ein Minimum an Wohlergehen. Gleichzeitig lehnt er es ab, das Land über das erträgliche Maß auszubeuten. Auch widersteht er der Versuchung, das Land zu verändern, denn er weiß, daß er damit seine *kurunba* und das Traumzeitgeschehen, das sie *illud tempus* hervorgebracht hat, verfälschen würde.

Alles das verstehen die Aborigines unter Landschaft als Tradition. Es beinhaltet eine spirituelle Wahrnehmung und die Fähigkeit, im Schatten des urzeitlichen Geschehens zu leben, als würde es sich bis in alle Ewigkeit wiederholen. Der Rest von uns sieht darin – in Anlehnung an Rainer Maria Rilkes Worte – «des Schrecklichen Anfang, den wir noch nicht ertragen können»[4].

1   Das, was Mircea Eliade als *illud tempus* oder die Große Zeit bezeichnet. *Mythen, Träume und Mysterien*, Salzburg. (Der Autor gebraucht den Begriff *illud-tempus*, wörtlich «jene Zeit», als undeklinierten, festen Terminus, Anm. d. Übers.)

2 Ezra Pound. Siehe *Cantos.*

3 C.P. Mountford, *Ayers Rock: its People, their Beliefs and their Art.*

4 Rainer Maria Rilke, *Duineser Elegien.* Die erste Elegie: «Denn das Schöne ist nichts als des Schrecklichen Anfang, den wir noch gerade ertragen...»

KAPITEL 3

Die Traumreise

«Wenn wir bis ans Ende der Welt reisen können und uns dort in den Aborigines wiederfinden, die sich ja am grundlegendsten von uns unterscheiden, dann haben wir eine erfolgreiche Pilgerfahrt hinter uns gebracht.»

Thomas Merton

Im 19. Jahrhundert prägten europäische Siedler einen idiomatischen Ausdruck für eine Ritualreise besonderer Art, mit der die Aborigines die Beziehung zu ihrem «Land» immer wieder feierlich bekräftigten. Gemeint war das «walkabout», die Buschwanderung der australischen Eingeborenen, und bis auf den heutigen Tag impliziert dieser Begriff eine schlechte Arbeitsmoral der Aborigines und ein reines Unverständnis gegenüber dem religiösen Leben der australischen Ureinwohner. Wenn ein schwarzaustralischer Viehhüter auf «walkabout» gehen wollte, hieß das für seinen Arbeitgeber, daß sich der Mann vor der Arbeit drückte. Ein Mißtrauen kam auf, das noch heute zwischen weißen und schwarzen Australiern spürbar ist. Die meisten weißen Australier, die noch mit den Ureinwohnern zu tun haben, sind davon überzeugt, daß die Ureinwohner in spiritueller Hinsicht wenig zu bieten haben und daß animistischer Aberglauben wie ein Schleier ihr ganzes Leben umhüllt.

Selbst Ethnologen und Anthropologen, die vor der Jahrhundertwende Feldforschung betrieben, taten nichts, um dieses Vorurteil zu entkräften. Hinreichend erforscht wurden seitdem vor allem die Familien- und Stammesbeziehungen, aber auch Bräuche, Initiationsriten, Kulthandlungen und die Kunst der Ureinwohner. Fast immer konzentrierte sich das Interesse auf Überlebenstechniken und das kulturelle Leben der Aborigines, das hauptsächlich auf die Sicherung und den Erhalt der physischen Existenz ausgerichtet ist. Bekannte Ethnologen wie R.M. Berndt und A.P. Elkin, die zwar zugeben, daß die heiligen *Wondjinas* in

der nordwestaustralischen Region Kimberley eine heilige Energie oder
Kraft besitzen, sehen im regelmäßigen Nachbessern dieser Höhlenmalereien aber allenfalls ein Ersuchen um Regen.[1] Im Gegensatz dazu erkennen die Hüter dieser Wondjinas jedoch ganz klar auch die kosmische Bedeutung dieser Darstellungen.[2] Doch gerade dieses Bestreben,
den rituellen Akt – sei es in Form eines Bildes, eines Liedes oder eines
Tanzes – rein materialistisch zu beschreiben, läßt Zweifel aufkommen
an der sogenannten Objektivität des Anthropologen im Umgang mit
dem australischen Ureinwohner. So stellte bereits 1798 ein europäi-
scher Beobachter fest, daß «bisher noch kein Land entdeckt worden ist,
in dem sich nicht irgendeine Spur von Religion fand. Meine diesbezüg-
lichen Beobachtungen und wissenschaftlichen Untersuchungen an diesen Menschen, vom ersten bis zum letzten, den ich kennenlernte, lassen jedoch keinen Zweifel daran, daß die Aborigines in dieser Hinsicht
eine Ausnahme bilden»[3]. Seit dieser Zeit sind die Aborigines dazu verdammt, ein ärmliches Dasein am Rande der Gesellschaft des weißen
Mannes zu fristen. Viele halten sie für Halbwilde, denen keinerlei Respekt gebührt. In den zweihundert Jahren seit der europäischen Be-
siedlung wurden sie derart dezimiert und ihrer Selbstachtung beraubt,
daß es schwierig sein dürfte, heutzutage einen Schwarzaustralier zu finden, der sich der traditionellen Lebensweise noch voll und ganz verbunden fühlt. Die Traumreise als ritueller Akt wurde statt dessen durch
Alkoholismus und Entfremdung ersetzt.

Diese Vorbemerkungen tragen wesentlich dazu bei, die eigentliche
Funktion der Traumreise als kulturelle Bekräftigung zu verstehen, besonders im Hinblick auf die zwangsläufige Zerstörung der schwarzaustralischen Gesellschaft durch den westlichen Kulturimperialismus.
Regierungsausschüsse sind damit beschäftigt, eine «Lösung» für die
Probleme mit den australischen Eingeborenen zu finden, gerade weil
sie mit dem metaphysischen Charakter der traditionellen Lebensweise
nicht zurechtkommen. Wenn der Schwarzaustralier auf der ursprünglichen Heiligkeit seines «Landes» besteht, dann ist damit kein Besitzen
im Sinne der europäischen Eigentumsgesetze gemeint (das Bergwerkskonzerne und Viehzüchter so fürchten), sondern vielmehr ein Besses-
senwerden vom Land selbst.[4] Diese «Umkehrung» des Eigentums-
wertes, beziehungsweise die Würdigung des Landes als Vorbote für die

spirituell wichtigen Dinge im Leben eines Menschen, ist der eigentliche Grund für den gegenwärtigen Interessenkonflikt zwischen Bergwerkskonzernen, Viehzüchtern und Regierung einerseits und Stammesältesten andererseits. Die Basis der Traumreise ist die rituelle Kooperation des australischen Ureinwohners mit der Natur. Wer nicht seinen Teil zum Erhalt dieser Beziehung beiträgt, entfernt sich allzuleicht von seinen Ursprüngen und zerstört so die Empathie, die von jeher zwischen Mensch und Natur bestanden hat. Es ist ein Irrtum anzunehmen, daß ein Schwarzaustralier nur deshalb auf «walkabout» geht, weil er der Natur helfen will, sich selbst zu erneuern. Dieser Annahme würde von einer allzu simplen Weltsicht zeugen, die bei der generellen Differenziertheit der schwarzaustralischen Kultur in bezug auf Mythologie und Symbol aber keinesfalls gegeben ist. Der australische Ureinwohner ist sich denn auch voll bewußt, daß sein «walkabout» eine persönliche Neuwerdung bedeutet, die weit über die sogenannten wachstumsfördernden Rituale hinausgeht.

Die Traumreise hat zwei Ebenen. Zum einen ist es eine kollektive Unternehmung, an der möglichst alle Mitglieder einer Gruppe teilnehmen sollen. Zum anderen ist es eine private Angelegenheit, eine ganz persönliche Sache, die jeder einzelne allein unternimmt, um seinen Wesenskern besser verstehen zu können. Beide Male werden diverse Kulthandlungen vollzogen. Sie sollen ein neues «Umweltbewußtsein» schaffen und den persönlichen Bezug zum Land vertiefen, wodurch der Natur mehr Verständnis entgegengebracht wird. Würde man die beiden Dimensionen dieser Reise vergleichen, könnte man erstere als die Außenversion (exoterisch) und letztere als die Innenversion (esoterisch) der Reise bezeichnen, wobei die Grenzen fließend sind, da viele Erzählungen, Mythen, Kultstätten (auch wichtige Plätze genannt) und Höhlenmalereien beiden Gattungen zugänglich sind.

Die exoterische Traumreise dauert das ganze Jahr über und folgt einer jahreszeitlichen Entwicklung. Auch wenn eine solche Wanderung offensichtlich an das wechselnde Nahrungsangebot einer bestimmten Region gebunden ist (hier Fruchtreife, dort die Geburt von Meeresschildkröten, woanders Gänse, die Eier legen), so heißt das nicht, daß jede unterwegs durchgeführte Kulthandlung automatisch dazu bestimmt ist, diese Nahrungsquellen Jahr für Jahr aufrechtzuerhalten. Denn die

Wanderung verläuft zyklisch und führt jedes Jahr wieder zum Ausgangspunkt zurück. Dabei wird auch den alltäglichen Verrichtungen eine Bedeutung beigemessen, die über die momentan erflehte praktische
Verwendung hinausgeht. Mit anderen Worten, auch wenn sich die Aborigines als Jäger und Sammler gänzlich der nomadisierenden Lebensweise verschrieben hatten und weiterzogen, sobald die Nahrungsquellen erschöpft waren, erkannten sie doch die eigentlichen Ursachen ihres
Tuns in der Rezitation der Schöpfungsereignisse durch tänzerische, er-
zählerische und musikalische Darbietungen.

Im Norden, in dem als Arnhemland bekannten Aborigines-Reservat,
gibt es zum Beispiel sechs Jahreszeiten, nicht vier oder gar nur zwei wie
in den südlichen Regionen des Kontinents. Doch im Gegensatz zu unseren Jahreszeiten, die jeweils zu einem bestimmten Zeitpunkt des Jahres beginnen, ist der Jahreszyklus für die Aborigines in Arnhemland
nicht an feste Zeiten gebunden, sondern unterliegt ganz und gar natürlichen Abläufen. Wenn diese aus irgendeinem Grund ausbleiben oder
sich verzögern, dann haben die Aborigines die Möglichkeit, Rituale
durchzuführen, die die Verbundenheit mit dem Ereignis, das heißt mit
dessen im kosmischen Zyklus bereits beobachteten Ausbleiben, stärker zum Ausdruck bringen sollen. Wer behauptet, daß sie das noch
nicht eingetretene Ereignis durch Rituale «herbeiführen» wollen, unterstellt den Aborigines einen naiven mechanistischen Glauben an die
Wirkungsweise der Natur. Denn wenn es darum geht, etwas empirisch
herauszufinden, dann sind diese Menschen scharfe Beobachter der
natürlichen Abläufe, und sie wissen genau, wie sich der Jahreszyklus offenbart. Sie wissen auch, warum ein solcher Kreislauf zusammenbre-
chen kann und wie sich dieses Chaos dann am besten auf einer symbolischen Ebene mit Mythen und Ritualen zum Ausdruck bringen läßt.

Wir haben es hier also nicht mit einer endlosen, ausschließlich auf die
Nahrungssuche konzentrierten Reise kreuz und quer durch das Stam-
mesgebiet zu tun, sondern mit einer heiligen Wanderung, bei der jeder
einzelne Abschnitt von großer Bedeutung ist. Die Rituale und Mythen
auf dieser Wanderung der Aborigines durch ihre Traumzeit-Landschaft
sollen die Bedeutung der sonst eher alltäglichen Ereignisse verstärken.
Ein Autor hat dazu festgestellt, daß der australische Ureinwohner
«nicht in einer Landschaft umherwandert, sondern in einem den

menschlichen Bedürfnissen angepaßten Reich, in dem alles seine Bedeutung hat»[5]. Diese Fülle an Bedeutungen läßt die Traumreise zu einem so wichtigen kosmischen Ereignis im Leben der Aborigines werden. Auf jeder Wanderung begegnen sie «ihrer in die Gegenwart eingebetteten Vergangenheit», wie Satose Wanabe zu sagen pflegt.

Toby Gangele, ein Stammesältester aus der Nähe von Arnhemland Escarpment, mit dem ich kürzlich eine Exkursion in dieses Gebiet unternahm, erklärte mir die Unterschiede der einzelnen Jahreszeiten. Als Angehöriger des Mirarr-Kunjai:mi-Stammes bewohnt er ein Gebiet, das sowohl tropischen Busch als auch weite Sümpfe umfaßt, wo sich zur entsprechenden Jahreszeit unzählige Spaltfußgänse aufhalten. Das sind seine Worte:

Wir haben sechs Jahreszeiten. Aber unsere Jahreszeiten kommen nicht regelmäßig wie bei balanda (beim weißen Mann). *Yegge* (etwa April bis Mitte Juni) ist die kühle Zeit für uns. Wir wissen, wann sie anfängt, weil dann die grüne Heuschrecke *yamidji* zirpt, daß fleischige Yamswurzeln fertig sind. Wenn *andjalem* (Langblättriger Eukalyptusbaum) viele Blüten kriegt, wissen wir, daß *wurrgeng* (Ende Juni bis Mitte August), die kalte Jahreszeit beginnt. Wir machen dann Feuer, brennen Unterholz ab, um das Land wieder neu zu machen. Dann kommt *gurrung* (Mitte August bis Anfang Oktober) und viele gute Obstbäume wie grüne Pflaume und weißer Apfel kriegen schöne Blüten. Trocken und heiß ist es dann. Feuchte Jahreszeit beginnt mit *gunumelong* (Oktober bis Dezember). Dann es fängt an zu regnen und alles Land wird überflutet. Wir nennen diese Zeit *gudjewa* (Dezember bis Ende März). Spaltfußgänse legen dann viele Eier und *goanna* (eine Eidechsenart) ruft von Bäumen. Wir treffen dann auf andere Stämme von weit her, von Stone Country (Arnhemland), essen Eier zusammen. Schöne Zeit ist das. Wir tanzen viel und singen. Wenn der Monsun vorbei ist, schwere Stürme kommen, und wir alle machen uns auf ins Stone Country zu *bang gerang* (April). Dann wir hören wieder *yamidji,* die grüne Heuschrecke, von fleischigen Wurzeln erzählen, und wir wieder ziehen in die Feuchtgebiete.[6]

Der Kreislauf der Natur bestimmt also, wann der Jahreszyklus abgeschlossen ist. In diesem Zeitraum durchwandert Toby Gangele mit seiner Familie in gewohnter Weise ein Gebiet von etwa tausend Quadratmeilen, immer auf der Suche nach Nahrung. Bezeichnenderweise unterscheidet sich der eingeschlagene Weg, wenn überhaupt, dann nur geringfügig von den Traumzeitpfaden, denen die Ahnen jahrtausendelang gefolgt waren. Auf dieser Wanderung hat er dann auch, jeweils an einem bestimmten Ort, eine Reihe von Ritualen vollzogen. Diese Rituale sind jedoch von Ort zu Ort verschieden, es kommt immer auf die wichtigen Plätze (positiv wie negativ) entlang des Weges an. Das Wort «Ritual» bedeutet in diesem Zusammenhang aber nicht, daß alle Zeremonien, Gesänge oder Geschichten unbedingt einer starren, festgelegten Ordnung unterworfen sind. Ganz im Gegenteil, die rituellen Handlungen im Stammesleben der Aborigines haben meistens sogar etwas Spontanes, ja Fröhliches; sie sind der Beweis dafür, daß die Menschen mit ihrer Umgebung voll und ganz zufrieden sind. Nur bestimmte Zeremonien, unter anderem solche, wo es um Initiationspraktiken geht, haben einen stark formalen Charakter und entsprechen eher unseren Vorstellungen von einer straff durchorganisierten Kulthandlung.

Der Jahreszyklus ist demnach ein *praktischer* Grund für die Traumreise. Toby Gangele und seine Familie wissen genau, warum sie die Wanderung unternehmen, ist sie doch ein wichtiger Bestandteil der täglichen Nahrungssuche und eine Möglichkeit der Kontaktpflege mit anderen Lokalgruppen und Verwandten. Daneben gibt es aber auch noch einen anderen Grund für die Reise, und der betrifft vor allem ihr spirituelles Leben. Denn das Land, das sie durchqueren, ist ein Teil von ihnen.[7] Auf der kultischen Ebene bietet die Traumreise die Möglichkeit, den Kontakt aufzufrischen, denn die Menschen und das Land sind untrennbar miteinander verbunden. Der australische Ureinwohner betritt genau in dem Augenblick die Traumzeit, wo das Land in eine metaphysische Landschaft voller Bedeutung umgewandelt wird. Wie die homerischen Helden in unmittelbarer Nähe der Götter des Olymps leben, so erkennen auch die Aborigines die Allgegenwärtigkeit ihrer eigenen spirituellen Vorbilder.

Die metaphysische Landschaft wird also zu einer Ideallandschaft, zu einer Hagiographie, über die Ursprünge der Menschen, ihren Überlebenskampf und das Wirken der Kulturstifter, die die Menschen das Tanzen und Singen, das Anfertigen von Speeren und das Jagen lehrten in jenem zeitlosen Augenblick, der Traumzeit heißt. Zeitlos ist er deshalb, weil diese Schöpfungstaten bereits in einer fernen Vergangenheit geschahen, als ihre Ahnen die Erde noch nicht bevölkerten, und sich immer wieder aufs neue ereignen, wenn die Menschen auf Traumreise gehen.[8] Die Begegnung mit ihrem «Land» auf dieser Wanderung ist eine Begegnung mit der spirituellen Herkunft, auf individueller wie auf kollektiver Ebene.

In diesem Augenblick paßt sich die Landschaft in vollendeter Weise an die menschlichen Bedürfnisse an. Mit anderen Worten, die Aborigines fangen an, das zu erkennen, was die Anthropologen als «totemistische Landschaft» bezeichnen. Leider haftet dem Begriff «Totem» etwas Negatives bzw. Ablehnendes an. Von infantiler Spiritualität bis Fetischismus reichten in der Vergangenheit die Vorstellungen der Anthropologen, die alles daransetzten, die Spiritualität der Aborigines zu verunglimpfen. Betrachten wir ein Totem aber in der Weise, wie Stanner es ausdrücklich verstanden wissen wollte, ist es «eine hinreichende Voraussetzung, aber kein bestimmender Faktor oder irgendeine andere Beziehung. Es zeugt von der Einheit zwischen Dingen oder Menschen, die über etwas anderes miteinander verbunden sind»[9]. Erst dann erschließt sich uns die komplexe Symbolik, die der Traumzeit-Landschaft innewohnt. Was zuvor an eine Reihe von Determinanten zur Nahrungsbeschaffung gebunden war, erscheint nun auf einer völlig anderen, höheren Ebene.

Entlang des Arnhemland-Escarpment gibt es riesige Felsgalerien, in denen einige der schönsten Felsmalereien der Welt verewigt worden sind. Manche Bilder haben religiöse Themen, andere zeigen profane Dinge wie Jagen, Tierdarstellungen und das gesellschaftliche Leben der Clans untereinander. Viele dieser Felsbilder sind uralt, oft reichen sie zurück bis in prähistorische Zeiten. Andererseits sind sie aber auch wieder recht neu, weil sie von den Stammesältesten und den Hütern des jeweiligen Landes regelmäßig nachgezeichnet werden[10] All das bedeutet, daß die tatsächliche Topographie gänzlich integriert ist in den spekulativen Glauben der Clanmitglieder von gestern und heute, zumindest auf der symbolischen Ebene, und gleichzeitig als Erkennungspunkt (das heißt, als erkennbarer wichtiger Platz) in der Kosmologie der Aborigines dient. Das Stammesland, die über dieses Land verstreuten wichtigen Plätze, die bildlichen Darstellungen des Traumzeitgeschehens, die Mythen über die auffälligen Erscheinungsformen der Natur wie zum Beispiel Felsbrocken, Bäume, Wasserlöcher usw. – all das prägt letztendlich die spirituelle Landschaft als Bestandteil der Traumreise.

Auf ihrer Wanderung stoßen die Clanmitglieder fortwährend auf den sichtbaren Beweis ihrer spirituellen Herkunft. Bei Deaf Adder Creek (Arnhemland) müssen sie beispielsweise den Wasserlauf überqueren, um nach Goose Camp zu gelangen, wo sie Gänse jagen und deren Eier einsammeln. Doch anstatt den Bach einfach zu durchschwimmen, erbitten sie die Hilfe der Regenbogenschlange, eines Schöpferwesens, das die Mythologie der Aborigines in ganz Australien beherrscht. Sehr oft bezeichnet ein Wasserloch genau die Stelle, wo die Regenbogenschlange oder andere Himmelswesen nach ihrem schöpferischen Wirken in der Traumzeit in den Untergrund zurückgekehrt sind. Das Cullymurra-Wasserloch am Cooper Creek in Zentralaustralien ist ein solcher Ort. Bei den Dieri-Stammesleuten hieß es «Loch des Lebens» und symbolisierte einen Kraftort, wo das Schöpfungswerk der Welt in seinem ganzen Ausmaß vergegenwärtigt wurde.[11]

In gewisser Hinsicht folgt die Traumreise den Wanderwegen der Regenbogenschlange und anderer Himmelsheroen, als diese der Erde Gestalt gaben, denn sie führt an allen auffälligen Landschaftsformen vorbei, die während der Traumzeit entstanden sind. An der Djuwarr-Lagune, einem kleinen abflußlosen See im Arnhemland-Escarpment, soll die Regenbogenschlange zum Beispiel die Felswand gespalten haben, als sie sich den Weg durch die Schlucht zu einem tiefen Wasserloch unterhalb eines Wasserfalls bahnte. Hier verschwand dann die Schlange und ward nicht mehr gesehen. Trotzdem ist sowohl die Schlucht, der sie sakrale Bedeutung verlieh, als auch das Wasserloch, wo sie untertauchte, ganz von ihrer Gegenwart erfüllt. Noch bis vor kurzem kamen hier einmal im Jahr die Stämme der Mirarr und der Badmardi zusammen, um das Schöpfungswerk der Regenbogenschlange in Kulthandlungen zu verehren. Dadurch war es ihnen möglich, die mystische Beziehung zur Traumzeit zu erneuern und gleichzeitig die eigene

Beteiligung an einem so bedeutenden metaphysischen Geschehen zu bekräftigen. Die Entstehung anderer Orte ist auf geringere Geistwesen zurückzuführen, beispielsweise auf die Mimi. Diese zarten Geistwesen, die wie Strichmännchen aussehen, können sich auf der Felswand, auf der sie häufig zu finden sind, selbständig machen. Die Aborigines haben einigen Respekt vor diesen Geistwesen, weil sich diese ganz nach Belieben wohlwollend oder bösartig verhalten können. Dieses ambivalente Verhalten macht sie zu echten Geistern und nicht – wie die Anthropologen uns gerne glauben machen wollen – zu allegorischen Darstellungen der Naturgewalten. Zudem erscheinen die Mimi ausschließlich in der Stille und können nur angerufen werden, wenn man empfänglich für sie ist. Zu heftiges Atmen oder ein plötzlich aufkommender Wind können leicht bewirken, daß die Mimi in tausend Stücke zerbrechen.[12] Nur wenn diese spirituelle Bereitschaft vorhanden ist, kann der Traumreisende die Mimi beschwören und somit seine Beziehung zu diesen Geistwesen vertiefen.[13]

Tiere und Pflanzen im allgemeinen spielen natürlich auch eine wichtige Rolle im Erschaffungsprozeß der Welt. In den von den Aranda bewohnten zentralaustralischen Wüsten entdeckte ein Forscher eine Reihe von sakralen Orten, die mit der Traumreise des roten Känguruhs (dem ersten Tier seiner Art) in Verbindung stehen. Darauf gründen sich wiederum zahlreiche Zeremonien und Gesänge, die die mystische Wanderung des ersten roten Känguruhs namens Kolakola durch die Landschaft beschreiben.[14] Ein sehr bildhafter Liederzyklus beschreibt diese Reise in allen Einzelzeiten. Den Höhepunkt bildet die Zeremonie an einem besonderen wichtigen Platz, wo das rote Känguruh verschwunden sein soll.

Ich, Kolakola, eile sofort weiter,
Aus meiner Höhle eile ich sofort weiter.
Ich, das junge Känguruh, reise
Eine weite Reise ohne jede Rast;
Hinter mir einen schmalen Pfad, reise ich
Auf meiner weiten Reise ohne jede Rast.

Der Liederzyklus endet wie folgt:

> Sei gegrüßt, Krantji, Mutter aller Menschen!
> Sei fruchtbar in den Armen der Ahnen,
> Reich an jagbaren Tieren für die Menschen!
> Das Fett am Unterleib ist leuchtend weiß,
> Das Fett am Unterleib ist weiß wie Sand.
> Die Felsplatte zittert, wenn die Rächer kommen:
> Unsere Felsplatte aus weißem Fett –
> Unsere Felsplatte erzittert, unsere Felsplatte
> erzittert und bebt.
> Unser Windschutz aus weißem Fett –
> Unser Windschutz, der schimmert wie Sand.

Lieder wie diese vergegenwärtigen die Schöpfungstaten, die sich in Gestalt regional begrenzter Mythen im Landesinneren Australiens zugetragen haben. Sie verherrlichen die Beziehung zwischen Mensch und Natur dergestalt, daß der Zelebrant eine Würdigung erfährt. Gleichzeitig lassen sie eine verständliche mythologische Landschaft entstehen, die für den Erhalt der schwarzaustralischen Kultur im allgemeinen von großer Bedeutung ist. Im Gegensatz dazu hat sich ein Ökologe unserer Tage große Mühe gegeben, diese Reise unter einem, wie er es formuliert, «öko-mythologischen»[15] Aspekt zu sehen. In einem widersprüchlichen Absatz heißt es dazu: «Die Verwandschaft zwischen Wandertechniken und dem bevorzugten Habitat der Känguruhs ist sicher kein Zufall (die Traumreise des roten Känguruhs Kolakola). Der günstigste Lebensraum wurde auf *natürliche Weise* (Hervorhebung von mir) durchquert und somit auch geschaffen, der ungünstigste Lebensraum dagegen *übernatürlich*... Die australischen Ureinwohner, die diese Mythen hervorbrachten, müssen mit der Ökologie der roten Känguruhs bestens vertraut gewesen sein. Und wie es scheint, haben sie dieses Wissen in die Mythologie einfließen lassen, um es durch Allegorie zu verleugnen.» Was immer «dieses Wissen in die Mythologie einfliessen lassen, um es durch Allegorie zu verbergen» heißen mag, es ist nur schwer nachzuvollziehen, warum die Aborigines bei der Beschreibung einer Traumreise zwischen natürlichen und übernatürlichen Reisemöglichkeiten unterscheiden wollten, wenn sie doch, nach Aussage des Autors, bereits mit der Ökologie des roten Känguruhs vertraut waren.

Aber genau diese Art der Verwirrung unterbindet jedes tiefere Verständnis für die Spiritualität der Aborigines und hat letztendlich dazu geführt, die Traumreise als metaphysisches Geschehen von Bedeutung und mit ihr auch die über das ganze Land verstreuten wichtigen Plätze oder Kultstätten aufzugeben. Wir haben es hier mit einer reduktiven Analyse zu tun, die ein übernatürliches Geschehen dauerhaft zerstören soll – ganz im Interesse der modernen Wissenschaft und des weltlichen Staates, der darauf erpicht ist, die heiligen Stätten, ja das gesamte Stammesland der Aborigines für die Erschließung des Bergbaus zu annektieren. Die exoterische Reise befaßt sich auf unterschiedlichen Ebenen mit Gewißheiten. Da ist zum einen die ständige Suche nach Eßbarem, die natürlich jedes Clanmitglied betrifft. Bei dieser Sache wird jeder sofort an bestimmte Erkennungszeichen in der Landschaft denken, wo seit eh und je Nahrung gefunden wurde. Solche Wahrzeichen existieren aber auch in einer symbolischen Landschaft und verlangen dort, wo der Clan ein bestimmtes Gebiet durchquert, angemessene Kulthandlungen. Verläßt ein Clan sein angestammtes Land, um sich mit benachbarten Clans für die Durchführung wichtiger Zeremonien zusammenzutun, und trennen sie sich dann wieder, wird der Schmerz über diese Trennung in wehmütigen Liedern zum Ausdruck gebracht.

Zum Abschied winkend geht Wurei
Ohne ein Wort fort von Miningdjabu.
Maiawulu und Maiamaia blicken geradeaus,
Als sie Burarineibu verlassen.
Sie folgen den Büschen, den Steinen und Bäumen,
Suchen nach Zeichen im stacheligen Gras.
über flache Steine und hohe Felsen
Führt sie der Weg hinaus ins offene Gelände.

Dann erinnern sich die Geistwesen ihres Ursprungs:

Auf die Felswand zurückschauend, hinüber

Zu der Hügelkette und Bunggarindji,
Hinüber zu Wurei und Laglag, während wir
Die Schlucht entlangwandern,
Traurigkeit überkommt mich,
Als wir das Lager verlassen – jene steinigen Hügel
bei Darngaua und jene Felswand, die da heißt Blaweru.
Während wir dem Pfad des roten Känguruhs folgen,
Quer durch die weite Ebene,
Macht mich der Verlust meiner Heimat traurig,
Als ich inmitten der Weite stand
Und auf den Regen wartete.

In einem solchen Lied schwingt sowohl ein Gefühl der Traurigkeit über den Auszug aus dem geliebten Land als auch ein Gefühl der innigen Liebe zu all den Steinen, aus denen sich sein Land zusammensetzt. Zu spüren ist aber auch eine Beziehung zwischen diesen Geistwesen, die auf die Reise gehen (und mit denen sich die Menschen unweigerlich identifizieren), und dem Land selbst. Es ist so, als wären beide im Grunde aus ein und demselben Stoff.

Die exoterische Reise gipfelt in einer zyklisch verlaufenden Rückkehr. Ab diesem Punkt geht das Stammesmitglied in das wie Stanner es nannte, symbolische Gefüge von «Ein Fleisch-Ein Geist-Ein Land-Ein Träumen»[16] ein. Er hat die spirituelle Erneuerung durch Teilnahme an der Traumreise gesucht und gefunden. Einmal mehr war er Zeuge einer symbolischen Landschaft mit individuellen Interessen, das eigene Wachstum betreffend, und kollektiven Interessen, was die Identifikation mit den Vorfahren betrifft. Er hatte Teil am Erschaffungsprozeß der Welt, so wie er in der Traumzeit oder der Großen Zeit stattgefunden hat. Und dabei hat er sich im Ritual mit seinem Land identifiziert, ähnlich wie Goethe merkte, daß der Mensch die Gewißheit seines eigenen Wesens dadurch erlange, indem er das Wesen außer ihm als seinesgleichen, als gesetzlich anerkennt. Dies ist lediglich der Anfang der exoterischen Reise, doch der Keim zur Reise nach Innen ist bereits gelegt, und mit dieser Reise wollen wir uns im nächsten Kapitel ausführlich beschäftigen.

1 R.M. und C.H. Berndt, *The World of the First Australiens*. «Wondjinas sind my-thische Wesen männlichen und weiblichen Geschlechts, die großen Schöpfer und Hüter, die für das allgemeine Wohl der jeweiligen Stammesgemeinschaft verantwortlich sind. Zu ihnen gesellen sich oft noch Totemwesen und -tiere, die für die Nahrung dieser Menschen sorgen ... durch das rituelle Malen oder Berühren dieser Felsbilder wird heilige Energie freigesetzt, die sodann den er-sehnten Regen bringt...»

2 Crawford, *The Art of the Wandjina*. «Wandjina djini jejo: ru. Dambun djuman mumana» («Wondjina ist von hohem Rang. Er schuf die Welt.) Zitat von Ma-waldjali aus dem Stamm der Narinjin in Kimberley.

3 David Collins, *An Account of the English Colony in New South Wales*.

4 Der Kommentar des Stammesältesten dazu: «Wir sagen nicht, daß das Land uns gehört, sondern daß wir dem Land gehören.»

5 W.E.H. Stanner, *White Man got no Dreaming*, Essays 1938–1973.

6 Aus den Aufzeichnungen des Autors, 1983.

7 «Alle Menschen in diesem Land sind ein Volk. George durchquerte regelmäßig die ganze Region, um Butcher Knight für eine Weile zu sich zu holen. Sie sind alle eine Gemeinschaft, eine große Schar.» Zitat von George Namingum, Stam-mesältester.

8 Mircea Eliade, *Mythen, Träume und Mysterien*, Salzburg.

9 Ebenda.

10 Crawford, *The Art of the Wandjina*. «Eure Farben sind so verblaßt, gar nicht leuchtend – Ich werde versuchen, euch nachzumalen. Ich werde versuchen, fri-sche Farbe aufzutragen, damit ihr wieder wie neu werdet. Werdet bloß nicht wütend und schickt uns Regen! (Siehe auch die Anmerkungen von Berndt un-ter Fußnote 1.) Ihr müßtet doch eigentlich sehr froh darüber sein, daß ich euch wieder neu mache.» Zitat des Stammesältesten Charlie Numbulmoore.

11 Dieses Wasserloch ist das größte und tiefste in ganz Australien. Im Jahre 1861 starben hier inmitten einer üppigen Tier- und Pflanzenwelt die Forscher Burke und Wills (die den Kontinent von Norden nach Süden durchquert hatten).

12 Nach Aussage von Toby Gangele.

13 Vgl. Henry Thoreau: «Wir müssen lernen, uns wiederzuerwecken und uns wach zu halten, aber nicht mit mechanischen Hilfsmitteln, sondern mit einer unend-lichen Hoffnung auf die Dämmerung, die uns selbst im tiefsten Schlaf nicht verläßt.»

14 T.G. Strehlow, *Aranda Traditions*, Melbourne 1947.

15 A.E. Newsome, *The Eco-mythology of the Red Kangaroo in Central Australia,* *in Mankind*, Dezember 1980, Bd. 12, Nr. 4.

16 Ebenda.

KAPITEL 4

Die Pilgerfahrt der Seele

Im letzten Kapitel lag der Schwerpunkt auf den exoterischen Aspekten der Traumreise. Es ging um die Erfüllung heiliger Pflichten gegenüber dem Land – das heißt, Privat- oder Stammesland – aber auch um die traditionelle Begegnung mit uralten Nahrungsquellen. Des weiteren wurde festgestellt, daß die Traumreise nicht allein zu Zwecken der Nahrungsbeschaffung alljährlich von den Aborigines unternommen wurde; sie war auch eine getreue Wiedergabe des Erschaffungs- und Gestaltungsprozesses der Welt, wie er sich in der Traumzeit zugetragen hatte. Die auffälligen Landschaftsformen oder wichtigen Plätze entlang des Weges waren demnach noetische Punkte innerhalb einer metaphysischen Landschaft, die Himmelswesen wie der Blitz-Mann und die Regenbogenschlange, das Mimi-Volk und die Urtiere auf geniale Weise erschaffen hatten. Die Entstehung von Stammesland durch das schöpferische Wirken der Himmelsheroen auf ihrer heiligen Wanderung war also nicht nur ein mikrokosmisches Ereignis, das den einzeln oder den ganzen Clan betraf, sondern auch ein makrokosmisches, insofern als es sich innerhalb und außerhalb der Zeit abspielte. Mit anderen Worten, dieser Erschaffungsprozeß der Welt wird jedesmal weiter fortgesetzt, wenn ein Aboriginal-Mann über Rituale und Zeremonien daran mitwirkt.

Damit kommen wir zur Reise nach Innen oder zur esoterischen Traumreise. Sie ist ausschließlich den Männern innerhalb einer Stammesgemeinschaft vorbehalten und bezeichnet eine Kulthandlung, in deren Verlauf der Mann eine mystische Begegnung mit den Wesen der Traumzeit – seinen Ahnen und seinem Totem oder seinem spirituellen Alter ego – hat. Erst wenn er diese Reise macht, entweder allein oder zusammen mit anderen Initiierten, erfährt er seine Verbundenheit mit den unsichtbaren Kräften, die seine mythologischen Helden verkörpern. Die Reise nach Innen ließe sich am ehesten mit dem frühchristlichen Pilgerpfad der *Via dolorosa* («die Schmerzensstraße») vergleichen oder im streng rituellen Sinne – mit dem Abschreiten und Beten des Kreuzweges oder mit dem «Herzensgebet» in der russisch-orthodoxen Kirche. Es muß aber ausdrücklich darauf hingewiesen werden, daß es sich hier wirklich nur um einen Vergleich handelt. Nichts deutet auf eine Identität zwischen den jeweiligen Disziplinen hin, selbst wenn sich Ähnlichkeiten feststellen lassen sollten.

Ein Mythos der nordaustralischen Stämme schildert in feinsten Details ein wichtiges Traumzeitgeschehen. Da wird ein bedeutender Mann namens Angamunggi heimtückisch von seinem Sohn ermordet, der ein inzestuöses Verhältnis zu seinen Schwestern hatte. Dieser Sohn mit Namen Tjinimin war voller Arglist, Bosheit und Gier. Kaum hatte er seine Schwestern verführt, durchbohrte er seinen Vater mit einem Speer, als dieser anläßlich eines Clantreffens im Kreise seiner Kinder ausgelassen feierte. Obwohl der Vater bereits mit dem Tode rang, vollbrachte er noch eine Reihe von Wundertaten. *Er zog von Ort zu Ort und hinterließ dabei eine Spur, die sich zu einem Pfad ausweitete, der heute heilig ist.* Wo immer er rastete, versuchte er vergeblich, das Blut zu stillen, das unaufhörlich aus der Wunde an seiner Seite strömte. Auf rätselhafte Weise bildeten sich aus seinem Blut Wasserlöcher und Quellen, die das ganze Jahr Wasser führen und die noch heute weithin sichtbar sind. Nach einer langen und beschwerlichen Wanderung packte er alles verfügbare Feuer der Welt, verknotete es mit seinen Haaren auf dem Kopf und watete ins Meer. Im letzten Augenblick, gerade, als Angamunggi in den Wellen zu versinken drohte, sprang ein beherzter Mann herbei und riß ein noch brennendes Stück Holz von seinem Kopf. Damit war das Feuer gerettet. Anderenfalls wären die Menschen gezwungen gewesen, ihre Nahrung nach Art der Tiere roh zu verzehren. Das Erstaunliche aber ist, daß Angamunggi, bereits Todesqualen leidend, den Menschen lebenspendende Gewässer bescherte, in die er gleich auch noch die Seelen all jener Kinder hineinlegte, die seitdem geboren wurden.[1]

Selbst auf seiner primär symbolischen Ebene enthält dieser Mythos viele Anklänge an die christologische und osirische Kosmologie. Parallelen zur Kreuzigung und die anschließende Darbringung vom «Wasser des ewigen Lebens» durch das Blutvergießen drängen sich geradezu auf. Das Bedeutende an diesem Mythos ist aber das kursiv Gesetzte, wo es um die Vorrangstellung der heiligen Wanderung geht, just zu dem Zeitpunkt, als der Mensch das empfing, was Stanner die «metaphysische Gabe» nannte, das heißt, die Fähigkeit zur Transzendenz.[2] Eben diese Gabe wird zum Gegenstand der Traumreise nach Innen bei allen initiierten Aborigines. Sie gehen unter anderem deshalb auf die Reise, um eine (göttliche) Offenbarung zu haben.

Diese Reise verläuft sowohl linear als auch metaphysisch. Obgleich es wichtig ist, daß die Initiierten vorhandene Kultstätten (wichtige Plätze) aufsuchen, um dort ihre Zeremonien abzuhalten, gibt es Zeiten, in denen jeder beliebige Platz einfach als heilig bezeichnet wird und für die Dauer der Zeremonien als Kultstätte herhalten muß. In einem solchen Fall wird ein Wachposten auf einem hohen Felsen abgestellt, um nahende Eindringlinge vorzuwarnen. Sobald ein Platz für heilig erklärt worden ist, können die Eingeweihten ihre «großen Rituale» in derselben Weise durchführen wie an der eigentlich dafür bestimmten Kultstätte. Zu solchen spontanen Kulthandlungen kommt es gewöhnlich dann, wenn die Männer sich außerhalb ihres Territoriums befinden oder wenn sich in dem Gebiet bereits längere Zeit weiße Viehzüchter aufhalten, und eine Rückkehr aus irgendeinem Grund problematisch ist.

Der eigentlichen Kultstätte wird zwar aufgrund der von ihr ausgehenden Kraft oder *djang* eine große Bedeutung beigemessen, doch kommt diese Kraft auch unabhängig davon in den jeweiligen Zeremonien zum Ausdruck, wenn eine Gruppe von Eingeweihten an einem improvisierten Kultplatz zusammenkommt. Mit anderen Worten, das Ritual ist nicht weniger überzeugend, nur weil es nicht an seinem dafür vorgesehenen Kultplatz durchgeführt wird. Das Prinzip ist ausschlaggebend, nicht der zufällig gewählte Ort. Initiierte erkennen ganz klar, daß die innere Landschaft wichtiger ist als das durchquerte Gebiet, auch wenn es in bezug auf das, was es verkörpert, als heilig gilt. Allein oder in der Gruppe, der Eingeweihte weiß, daß er jederzeit die Bedingungen für den Eintritt in die Traumzeit schaffen kann, und dies geschieht im eigenen Erleben der göttlichen Offenbarung, die ein Ziel der Traumreise ist.

A.P. Elkin[3] berichtet über ein «großes Ritual» im Nordwesten von Südaustralien, wo er im Jahre 1930 als Beobachter zugelassen wurde, weil er sein Interesse an der Traumzeit bekundet hatte. Nachdem ein heiliger Platz abgesteckt worden war, nahmen die Männer, zwei Kreise bildend, auf dem Boden Platz. Sodann stimmten sie eine Reihe von Liedern an, immer im Takt zu den Klangstäben, mit denen sie heftig auf den Erdboden schlugen. In der Zwischenzeit verschwanden zwei der Männer für etwa eine Stunde hinter einem Gebüsch, um sich für die Darbietung anzumalen und zu schmücken. Währenddessen waren die Sänger weiter damit beschäftigt, die Namen und Werke der Himmelsheroen und ihrer Ahnen zu beschwören. Diese Anrufung dauerte so lange, bis alle Anwesenden die Gegenwart dieser Geistwesen deutlich spürten. In einer entscheidenden Phase, als die Gesänge ihren Höhepunkt erreicht hatten, wurde Elkin gebeten, nicht plötzlich aufzublicken, um die Darstellung der göttlichen Manifestation nicht zu zerstören. Erst als die beiden Männer hinter dem Gebüsch hervorgetreten waren und sich mit tänzerischen Darbietungen am mythischen Geschehen beteiligten, wurde ihm gesagt, daß sich die Männer nun im Zustand des Träumens befänden; sie waren gewissermaßen selbst die Himmelswesen und Urtiere «geworden», von denen in den Gesängen und Liedern die Rede war. Nicht nur die Tänzer hatten das Diesseits überschritten, sondern auch all jene, die das Traumzeitgeschehen durch Musik und Gesang vergegenwärtigt hatten.

Die Verbindung zur Traumzeit ist das einzige, woran den Mitwirkenden solcher Zeremonien gelegen ist. Die Traumzeit ist aber nicht an einem himmlischen *Ort* angesiedelt, der über kultische Handlungen erreichbar ist, sondern an einen Geisteszustand gebunden – es ist die Rückkehr zum Ursprung. Alle Handlungen, die zur Traumreise gehören, ob es nun um das Aufsuchen wichtiger Plätze oder um das Weihen von Orten geht, zielen darauf ab, günstige Bedingungen für die Rückkehr der Himmelswesen aus der Traumzeit zu schaffen. Daher ist es wichtig, daß die Eingeweihten die Gegenwart dieser Geistwesen durch symbolträchtige Gesten und rituelle Akte würdigen, wobei sie in einen Zustand der Ekstase geraten. Erst dann, soviel steht fest, haben die Initiierten die Relativität der exoterischen Reise auf ihrer Suche nach mehr spiritueller Verbundenheit mit der Traumzeit transzendiert. C.P. Mountford[4] hat einmal eine Traumreise geschildert, die der Regenbogenschlange Jarapiri gewidmet war und die er im Beisein eines Aboriginal-Mannes aus dem Stamme der Walbiri in Zentralaustralien erlebte. Dieser Bericht ist ein außergewöhnliches Dokument über die Route, die initiierte Aborigines zu nehmen haben, wenn sie das Schöpfungswerk der Großen Schlange während der Traumzeit verehren wollen. Diese Route beinhaltet neben einer physischen Reise von mehr als hundert Meilen Länge auch eine zeremonielle Reise, die sich zusammensetzt aus einer Vielzahl ritueller Handlungen, aus Körpermalerei und dem Vortragen diverser Liederzyklen an verschiedenen Kultplätzen entlang des Weges. Diese Lieder erinnern nicht nur an Jarapiris Taten auf seiner Wanderung, sondern auch an das Wirken anderer Geistwesen aus der Traumzeit.

Ein typischer Jarapiri-Gesang handelt von der Entstehung einiger Landmarken, die sich wie eine Schlange durch die Landschaft winden:

Jarapiris Rippen bewegen ihn kriechend fort,
Er hinterläßt einen sich windenden Pfad.
Jarapiris Rippen bewegen ihn kriechend fort,
Er hinterläßt einen sich windenden Pfad usw.

Andere Lieder dagegen sind mythischen Insekten oder Tieren aus dem Erschaffungs- und Gestaltungsprozeß der Welt gewidmet, zum Beispiel Mamu-boijunda, der Mörderspinne:

Mamu-boijunda, die Mörderspinne, heult
In der Morgendämmerung.
Merkwürdige, lichterfüllte Kreaturen erwachen,
Erblicken das Licht der Welt.
Mamu-boijunda, die Mörderspinne ruft laut –
Latalpa-Schlangen und Todesotter-Frauen
Tummeln sich in der Dämmerung.
Mamu-boijunda hat ihr Werk vollbracht

69

Und bleibt bei ihren Geschöpfen in Winbaraku –
Den Schlangen und Insekten.[5]
Es gibt auch eine Anrufung, die darauf schließen läßt, daß Ablauf und
religiöse Bedeutung der Schöpfung, wie sie die Große Schlange hervorgebracht hat, dem Initiierten überaus bewußt ist, vor allem, wenn
es um eine Erklärung dieses schöpferischen Wirkens mit Hilfe von
rituellen Gesten und Beschwörungsformeln geht. Die Worte «Balga-
ma-ni!» (Erschaffe alles) lassen erkennen, wie sehr der Initiierte den
schöpferischen Part der Riesenschlange und anderer Geistwesen wür-
digt, auch wenn er selbst an dem Prozeß teilhat. Folgendes Lied macht
dies deutlich:

Riesenschlange Jarapiri, einzigartiges Wesen,
Ziehe durch die Walbiri-Welt.
Riesenschlange Jarapiri, gib
Allen Walbiri-Pflanzen Namen.
Riesenschlange Jarapiri, Quelle des Windes
Mit Regen auf deiner gespaltenen Zunge.[6]

Eine Reihe von Liederzyklen zu Ehren von Jarapiri und der ihn durch
das Walbiri-Land begleitenden Geistwesen bewirken also eine Kulti-
vierung des Landes. Die Aufgabe des Initiierten bei alledem besteht darin, die Traumreise von einst wiederaufleben zu lassen. Zum einen folgt
er genau dem Pfad von Jarapiri, zum anderen muß er sich in ritueller
Körperbemalung üben, immer passend zur jeweiligen Kultstätte und
zum angerufenen Geistwesen. So schmückt er sich vielleicht mit den
Symbolen der Große Schlange oder der Riesenspinne Mamu-boijunda,
je nachdem, welchen wichtigen Platz er gerade aufsucht. Die Körperbemalung erleichtert die Loslösung des Initiierten von der profanen
Welt und läßt ihn eher in Verzückung geraten. Aber natürlich passiert
das nicht immer. Wie alle Rituale, die nur noch Lippenbekenntnisse
sind, zeigen sie nicht mehr die gewünschte Wirkung. Dennoch ist es jederzeit möglich, in Ekstase zu geraten, und im Grunde genommen
hängt es nur davon ab, wie stark sich der Initiierte selbst einbringt. Ein
Mann, der die Knabenweihe empfangen hat und später von seinen
Stammesbrüdern und den Ältesten in die Geheimnisse der Kriegskunst

eingeweiht wird, hat danach noch die Möglichkeit, eine dritte Initiationsstufe zu durchlaufen, die sowohl freiwillig also auch in gewissem Maße rein kontemplativ ist. Meist geht ein Mann aber erst dann auf eine solche Traumreise, wenn er seinen gesellschaftlichen Verpflichtungen innerhalb des Stammes großenteils nachgekommen ist. Er macht sich auch nicht allein auf den Weg. Zumindest ist er einer qualifizierten Person oder einem Führer unterstellt, wenn er sich aufmacht. Ein solcher «Orden» weiser Männer ist auf eine lückenlose Nachfolge qualifizierter Männer angewiesen. Diese Männer werden als «clever man» oder Männer von «hohem Rang» bezeichnet.[7]

Das bißchen Material, das es über die Unterweisung eines Mannes von hohem Rang gibt, befaßt sich leider ausschließlich mit der Ausbildung zum Medizinmann. Elkin gibt immerhin schon zu, daß nur wenige Männer von hohem Rang jemals Englisch sprachen, und daß er als Anthropologe die Sprache der «Eingeborenen» sowieso nicht beherrschte. «Daher konnten sie (die Männer von hohem Rang») die philosophischen und psychologischen Aspekte des dreieinigen Systems aus Fachwissen, Glaube und Ritual – die Grundlagen ihres Könnens – auch nicht hinreichend diskutieren».[8] Doch liegt die Vermutung nahe, daß eine Diskussion darüber möglich war, wenn jemand daran beteiligt war, der entweder selbst ein Mann von hohem Rang oder ein Novize war, oder auch nur jemand, der «ihre» Sprache sprach. Denn mit der Sprache steht und fällt die Unterweisung eines Mannes von hohem Rang.

Mit dem Begriff Hexendoktor oder Medizinmann verknüpft sich in der Tat fast ausschließlich eine Vorstellung von psychischer Überlegenheit gegenüber der Gruppe oder dem Individuum. Das liegt nicht nur an seiner Fähigkeit zu täuschen, sondern auch an seiner Fähigkeit, diverse physische und psychische Leiden zu heilen. Daher wird dem Mann von hohem Rang eine funktionale Rolle innerhalb der Gesellschaft zugewiesen, ganz im Sinne der Anthropologen, die das gesellschaftliche Leben der Aborigines nach den empirischen Erfordernissen beurteilen. Ein solche Sichtweise hat dazu geführt, daß der Mann von hohem Rang teilweise seine Achtung als echter Stammespriester verlor, dessen grundlegende Pflichten nicht nur darin bestehen, den anderen Vorbild zu sein und die Kranken zu heilen, wenn seine Dienste benötigt wurden, sondern auch die Geheimnisse zu wahren. Denn sie sind schließlich das metaphysische Stammeserbe, das seiner Obhut anvertraut worden ist. Die Begriffe «clever man», «Hexendoktor» und «Medizinmann», vermutlich eh nur vage Umschreibungen der Aborigines für das Prinzip und die Funktion des Mannes von hohem Rang in ihrer Stammesgesellschaft, haben seitdem eine Abwertung erfahren. Ein Mann von hohem Rang ist demnach mindestens ein Schwindler, ein Manipulant, einer, der sich mehr auf die Kunst der Magie und Zauberei versteht als auf die Erfüllung priesterlicher Aufgaben. Und ein Heiliger ist er noch weniger. Ein Heiliger paßte nämlich so gar nicht in das Bild, das man sich von einer Stammeskultur machte. Man konzedierte den Aborigines allenfalls Animismus und Pantheismus, doch beide Theorien ließen nur ein Minimum an primitivem Glauben zu, was zwangsläufig auch nur wieder einer Abqualifizierung gleichkommt. Diese dritte Stufe der Initiation und kontemplativen Traumreise, durch die der Status eines Mannes von hohem Rang erlangt wird, geht jedoch weit über den Rahmen einer Medizinmann-Ausbildung hinaus. Ein Medizinmann ist zwar immer ein Mann von hohem Rang, aber auch ein Mann, der tiefe spirituelle Einsichten gewonnen hat, was die rituellen Vorstellungen seiner Kultur betrifft. Elkin zufolge besitzen solche Männer das Wissen, das psychische Verstehen, die mystische Erfahrung und die persönliche Autorität, die sie zu würdigen Mitgliedern dieses heiligen Standes bekannt als Männer von hohem Rang werden läßt. Männer, die einen solchen Status erreicht haben, kann man getrost mit unseren Propheten oder Heiligen vergleichen.

Bei der kontemplativen Traumreise oder der Reise ins Innere steht die physische Landschaft bei weitem nicht so im Vordergrund wie bei der externen Reise. «Wichtige» Plätze sind natürlich weiterhin von Bedeutung, jedoch nur als Kontemplationshilfen bei den rituellen Handlungen. Diese Kulthandlungen werden oftmals durch den Gebrauch von Tjurungas verstärkt, die als irdische Manifestationen der Traumzeit gelten. Tjurungas, das sind flache Bretter aus Holz oder Stein, in die die Traumzeitpfade der Himmelshelden eingraviert werden. Angefertigt werden diese Kultobjekte im geheimen während einer Zeremonie an einem «wichtigen» Platz oder einer Kultstätte. Sobald die Zeremonie beendet ist, werden die Tjurungas bis zur nächsten Zusammenkunft wieder sicher verwahrt. Die wenigen noch vorhandenen Tjurungas sind zum Teil schon sehr alt, da sie von den Vorvätern selbst gefertigt wurden. Sie besitzen nämlich kurunba oder *djang*, jene besondere spirituelle Kraft oder Ausstrahlung, die auf die immerwährende Lebensenergie der Ahnen bezogen ist. Die Aborigines bezeichnen diese Austrahlung häufig als «nebelartig», so fein ist ihre Erscheinungsform. Trotzdem ist ein Tjurunga mehr als nur eine totemische Darstellung, wie es immer heißt. Diese Kultobjekte sind das Werk der Himmelswesen, geschaffen als Hilfen zur Kontemplation für all jene, die sie benutzen möchten. Als solche haben sie ebenso wie die Ikonen der orthodoxen Kirche sakralen Charakter.

Offensichtlich geht es bei dieser dritten Initiationsstufe vor allem um die Einführung in geheime rituelle Praktiken durch ältere Stammesmitglieder und um das Erlernen einer Sprache, die nur von Geistwesen und anderen Eingeweihten verstanden wird. Stanner beschreibt diesen Zustand als Übergang in eine Eingeborenen-Hochkultur oder als Eintritt in den geistlichen Stand. In der Regel benutzt ein Mann von hohem Rang nicht mehr die Worte der Alltagssprache, er spricht vielmehr die mystische Sprache seiner Ahnen. Gleichwohl man versucht ist, diese sakrale Sprache mit dem schamanischen Bewußtseinszustand der Trance gleichzusetzen, birgt dies die Gefahr einer Fehlinterpretation. Die Sprache, die sie sprechen, ist die «Sprache der Götter» und normalerweise nur zum Teil auf das visionäre Erlebnis bezogen. Wir haben es hier mit einer Symbolsprache zu tun, die ganz von der Syntax des Mythos erfüllt ist. Nur wer die estoerische Bedeutung der mythischen Reise (das heißt, der Traumreise) wirklich versteht und erkennt, kann sich in dieser sakralen Sprache verständigen.

Im Nordwesten Australiens, findet sich in der Kimerley-Region eine interessante, aber kaum belegte Vorstellung von den als *Rai* bezeichneten Geistwesen. Bei diesen *Rai* soll es sich um doppelgeschlechtliche Totengeister handeln. Coate[9] zufolge besteht ihre Aufgabe unter anderem darin, jene zu unterrichten, die sich als Zauberer oder Medizinmann betätigen möchten. Die Vermutung liegt natürlich nahe, daß die *Rai* eine funktionale Bedeutung haben entsprechend den empirischen Zielen des Stammes. Doch gleichzeitig sind sie auch Manifestationen der *wondjinas*[10] und als solche haben sie denselben Ursprung wie die

Engel im Christentum und im Islam. Dem gewöhnlichen Beobachter zeigen sich diese Geistwesen meist im Traum[11], ansonsten sind sie nur für Männer von hohem Rang sichtbar. Darüber hinaus, und das ist vielleicht noch wichtiger, entscheiden die *Rai* über das Wohlergehen der Menschen. In gewisser Hinsicht sind sie also Schutzgeister. Einer, der es wissen müßte, formulierte es einmal so: «Die *Rai* lassen es niemals zu, daß wir von ihnen getrennt werden. Es macht keinen Spaß (ohne sie). Wir wären längst ausgestorben, wenn sie nicht immer zu uns gehalten hätten.»

Diese spirituelle Loyalität zwischen dem Initiierten und den Geistwesen, wie beispielsweise den *Rai* oder den Mimi, macht einen wesentlichen Aspekt der inneren Traumreise aus. Es mag wohl sein, daß «clever man» generell ein vertrautes Verhältnis zu den *Rai* haben, aber es ist ein Irrtum anzunehmen, daß dies dem Zauberer vorbehalten ist. Der *Rai* kann die Menschen nämlich auf eine Art «unterrichten», wie es die Alten oder andere Initiierte nicht vermögen. Unser Informant meint dazu: «Der andere Mann sagt (sich), der *Rai* wird mir schon helfen. Dann lehrt der *Rai* den Mann, der ein Zauberer werden will.» Hier werden wir Zeuge einer deutlichen Integration von den *Rai* oder Geistwesen und der Innenwelt des Initiierten. Er weiß, daß die *Rai* zu ihm in einer Sprache sprechen, die er selbst nur zum gegebenen Zeitpunkt seiner Traumreise versteht. Gewöhnliche Beobachter dagegen wissen anscheinend nichts von den *Rai*. Sie sehen sie nicht, weil es ihnen an Wissen mangelt. «Wir sind unwissend, darum können wir die *Rai* nicht sehen. Sie (die *Rai*) reden nur mit Experten, und nur Experten kennen sie», sagt unser Informant.

Wenn also ein Eingeweihter in Verzückung gerät, sei es während einer inneren Traumreise oder während der Initiation zu einem Mann von hohem Rang, dann erreicht er einen Bewußtseinszustand, in dem er die Fähigkeit hat, mit einem inneren Auge zu «sehen». Dieses Auge wird auch drittes Auge genannt, vermutlich in Anlehnung an das dritte Auge und dessen Bedeutung in den östlichen Religionen. An anderer Stelle beschreibt Coate recht ausführlich und stellenweise sehr ergreifend den geistigen Zustand des Initiierten, der den *Rai* mit seinem inneren Auge erblickt hat.

«Die Körper der Zauberer quellen über von magischen Steinen, genannt *gedji*. Sie (die Stammespriester) können die verschiedenen Reiche sehen. Sie sehen auch ein unterirdisches Reich. Dort in der Jenseitswelt können sie sie sehen, zusammengerückt. In ungur sind die einzigen, die wir kennen. Die Hilflosen – die Alten – erzählen uns dies. Großvater berichtete davon und auch unsere Väter und (Stammes-) Brüder. Ganz Berühmte waren darunter, aber nun sind sie alle tot. ‹Es gibt keine mehr›, sagten sie. So ging es damals zu, als er, dieser Mann, ein Zauberer war. Diese Dinge, die da zum Körper gehören, nennen wir magische Steine. Sie verzehren den Zauberer (ergreifen von ihm Besitz). Sie essen sein Blut. Sie verwandeln ihn. Wir nennen ihn einen Experten, weil die Steine ihn verwandelt haben. Sein Fleisch wird lichthell.[12] Ein solcher Mann wird Experte genannt. Darin unterscheidet er sich von den anderen. Es stellt ihn auf eine höhere Stufe. Macht ihn zu einem Mann von hohem Rang. Unser Körper ist nicht wie seiner. Wir sind Dummköpfe. Er ist anders. Er wird zum Licht.»[13]

Die hier aufgezeigten qualitativen und physischen Unterschiede zwischen einem gewöhnlichen Menschen und einem Mann von hohem Rang machen deutlich, daß damit das Ziel der heiligen Traumreise endlich erreicht ist. Trotz der wirren Sprache ist eine echte Verwandlung erkennbar. Sie steht immer im Mittelpunkt der Reise, ganz egal, ob diese Reise im exoterischen Sinne gemacht oder nach Innen angetreten wird, um daraus als Mann von hohem Rang hervorzugehen. Wer behauptet, daß die Aborigines vor der Zerstörung ihrer traditionellen Lebensweise durch den Kontakt mit den Weißen in den letzten zweihundert Jahren keinerlei religiöses Empfinden besaßen,[14] der setzt sich über eine Flut an Beweisen hinweg, die das Gegenteil besagen. Das Dokument über die *Rai* vermittelt ein visionäres Erlebnis, zwar nur aus zweiter Hand, aber durchaus vergleichbar mit dem, was Black Elk über seine Große Vision berichtet.[15]

Die *Rai* befähigen dazu, mit einem inneren Auge zu sehen. Dieses Auge ist eine metaphysische Gabe ähnlich der Gnade oder Nirwana, wenn auch nicht in seiner allgemeinen Bedeutung, so doch zumindest unter dem Aspekt der qualitativen Gleichsetzung eines Mannes von hohem Rang und der überirdischen Welt. Der Initiierte, der sich auf die Reise ins Innere begeben hat und die entsprechenden Kulthandlungen an den verschiedenen «wichtigen» Plätzen oder Kultstätten vollzogen hat, ist durch sein Handeln und den Kontakt zu den Stammesältesten eine metaphysische Beziehung zu den Himmelswesen eingegangen. Diese Beziehung wirkt sich noch heute nachhaltig auf die gesamte Kultur der Aborigines aus, denn über die Traumreise wird diese wichtige Verbindung für jeden erfahrbar, entsprechend seinem Wesen und seiner Begabung. Ohne das Träumen wäre die schwarzaustralische Kultur schon vor langer Zeit zerfallen. Die spirituelle Verbindung zum Land ist weit weniger Selbstzweck als es von Institutionen und Gesellschaften, eifrig bemüht, die Echtheit dieser Verbindung auszuweiten, immer wieder dargestellt wird. Denn all diese Interessensgruppen verkennen immer wieder die absolute Notwendigkeit dieser Beziehung und ihre Bedeutung für das spirituelle Leben eines Naturvolkes, bei dem theozentrische Belange vor allem anderen Vorrang haben. Für den australischen Ureineinwohner beruht die Liebe zu seinem Land auf vielen Dingen: da ist das Land, die von *djang* beseelten «wichtigen» Plätze, die mythologische Landschaft, in der alle Landschaftsformen und -auffälligkeiten aus metaphysischer Perspektive betrachtet werden, die Anrufung von Geistwesen und nicht zuletzt die Möglichkeit zur mystischen Identifikation, die zwangsläufig auch eintritt. Er liebt aber nicht die materiellen Dinge als solche – auch wenn diese Liebe manchmal darin zum Ausdruck kommt, weil Sprache einfach unzulänglich ist – sondern vielmehr das, was das Land auf einer elementaren Ebene verkörpert. Letzten Endes stellt das Land nur eine Brücke zwischen ihm selbst und den himmlischen Gefilden der Traumzeit dar.

Die Traumreise ins Innere ist der Höhepunkt der kosmischen Pilgerreise. Kein australischer Ureinwohner tritt sie an, bevor er nicht wirklich bereit dafür ist. Psychische Qualen lauern überall des Weges. Sie können einen Menschen zerstören, wenn er nicht die innere Gewißheit hat, dem allen standzuhalten. Aus diesem Grunde ist es wichtig, sich von einem Stammesältesten oder Zauberer führen zu lassen. Nur diese Männer kennen die Hindernisse, die den Zugang zum Träumen versperren. Rituelle und hieratische Lieder sind dementsprechend wichtige Bestandteile einer Seelenreise. Nach erfolgreicher Beendigung dieser Reise ist der Initiierte ein anderer. In den Worten unseres Informanten kehrt ein solcher Mann als ein «Geist der Toten» zurück. «Das unterscheidet ihn von anderen, dadurch wird er erhöht. Sie (die Rai) folgten dem «Luftseil», ja, dem folgten sie. Sie sind Totengeister, sie wandeln nicht auf der Erde. Die Welt ist groß. Sie schwingen sich durch die Lüfte, indem sie ständig dem «Luftseil» folgen. Nur Zauberer können es sehen. *Zauberer ist, wer sich die ganze Zeit am «Luftseil» emporzieht.*»[16] Demnach kann also nur ein Mann von hohem Rang, ein spirituell verwirklichter Mensch, den Himmelswesen – in diesem Fall den *Rai* – absolut gleichgestellt werden. Er ist es, der die Reise ins Innere angetreten hat. Er hat den Tod überwunden und einem neuen, unsterblichen Wesen Platz gemacht. Er spricht jetzt die Sprache der Götter, und besitzt schließlich auch jenes intuitive Wissen, das eine Menschengruppe, deren ganze Kultur der Heiligkeit des Lebens geweiht ist, über alles schätzt. So gesehen ist die Traumreise mehr als nur eine «nächtliche Seereise durch paradiesische Gewässer»[17]. Sie ist der Beginn einer höheren mystischen Einheit zwischen dem Mann von hohem Rang und dem Geist, der ihn dazu machte.

1 W.E.H. Stanner, *Continuity and Change*, in der Zeitschrift *The Australian Journal of Science*, 1958.

2 W.E.H. Stanner, *The Dreaming*. Australian Signpost, an Anthology, 1953.

3 A.P. Elkin, *Religion and Philosophy of the Australian Aborigines*, Essays zu Ehren von E.W. Thatcher.

4 C.P. Mountford, *Winbaraku and the Myth of Jarapiri*, Adelaide 1968.

5 Ebenda.

6 Ebenda.

7 A.P. Elkin, *Aboriginal Men of High Degree*, New York 1977.

8 Ebenda.

9 H.H.J. Coate, *The Rai and the Third Eye*, Oceania Bd. XXXVII, 1966.

10 Ebenda. «Wondjina ist der, auf den es ankommt. Wir sagen in bezug auf ihn, daß er die Welt erschaffen hat.»

11 A.P. Elkin, *Totemismus in North-Western Australia*, Oceania Bd. III, Nr. 4. «Sie (die als Rai bezeichneten Geistwesen) leben im Busch und auf ihren nächtlichen Streifzügen erscheinen sie den Menschen in ihren Träumen.» Siehe auch Jakobs Traum, 1. Mose 28,12: «Und ihm träumte, und siehe, eine Leiter stand auf Erden, die rührte mit der Spitze an den Himmel, und siehe, die Engel Gottes stiegen daran auf und nieder.»

12 Siehe auch Wallis Budge, *The Book of Paradise I-II*, London 1904, S. 1004. Desweiteren C.-M. Edsman, *Le bapteme de feu*, S. 155. Wir lesen hier, woran die Wüstenväter einen Mönch erkannten, der «im Licht der Gnade erstrahlte».

13 Das erinnert uns an einen Bericht über den Heiligen Saba. Kaiser Justinian sah in ihm «einen Mann von Gottes Gnaden in der Gestalt von grellem Licht... das wie die Sonne strahlte.» *Vita S. Sabae*, Hrsg.: E. Schwartz, S. 173; J. Lemaitre, *Dictionnaire de Spiritualite*, 1952.

14 Siehe voriges Kapitel.

15 John G. Neilhardt, *Schwarzer Hirsch: Ich rufe mein Volk*, Bornheim 1992.

16 Ebenda.

17 C.G. Jung, *Symbole der Wandlung* (Englisch: *Sybols of Transformation*, S. 210. Zitiert nach der englischen Ausgabe.) Zürich 1952.

KAPITEL 5

Natur als Numen

«In der Natur manifestiert er sich im Wunder des Blitzes.»
Kena Upanishad

Es ist immer wieder behauptet worden, dem Glauben der Aborigines fehle es an moralischer Ernsthaftigkeit, die wir bei einer wahren Religion einfach voraussetzen. Bestätigt wird diese Behauptung durch die Tatsache, daß sich die schwarzaustralische Religion überwiegend in Ritualen und Mythen ausdrückt und auf keine formale Glaubenslehre zurückgreifen kann, um die Mysterien zu untermauern, von denen so häufig in Erzählungen und Liedern die Rede ist. So ergreifende Worte wie *Sanctus Dominus Deus Sabaoth* oder «Heilig, heilig, unser Herr, der allmächtige Gott» sind der Denkweise der Aborigines völlig fremd. Ihre religiöse Einstellung ist nicht dogmatisch, sie offenbart sich vielmehr als lebendige Kraft in allem, was passiert oder was gesagt oder gedacht wird.

Will man also den spirituellen Feinheiten eines australischen Schöpfungsmythos oder eines erotischen Liederzyklus auf die Spur kommen, gilt es zunächst, die Vorurteile über den Begriff der Heiligkeit abzulegen. Manchmal müssen wir etwas in uns reproduzieren, was Maurice Aniane die «kosmogene Entwicklung» nannte, das heißt, «die ständige Erschaffung der Welt, wonach die ganze Schöpfung letzten Endes nur eine göttliche Imagination ist»[1]. Wir stoßen dabei auf einen Weg, der in den esoterischen Schriften des Islam als *ta'wil* bezeichnet wird und auf dem wir über Dinge, Gegenstände aus der Natur, manchmal auch über die Auslegung der Bibel von ihrer Äußerlichkeit – dem Buchstaben – «zurückgeführt» werden in ihre Innerlichkeit – den Geist. Bei den Mythen und Geschichten der Aborigines müssen wir unsere Vorliebe für moralische Erläuterungen beiseite legen, wenn wir in die verborgensten Tiefen ihrer Bedeutung vordringen wollen.

Ein Mythos, in der sich die Spiritualität der Aborigines in ihrem ganzen Ausmaß offenbart, steht mit dem Stamm der Wadaman und ihrem heiligen Regenzentrum Wiyan Nalanjari in Verbindung. Besagtes Zentrum, einige hundert Kilometer westlich von Katherine im Nordterritorium Australiens gelegen, besteht aus mehreren Höhlen oder Felsgalerien mit Darstellungen von den zwei Brüdern des Blitzes und ihrem Kampf am Himmel zu Beginn der Regenzeit. Jabiringi und Yagjagbula sind die Himmelsheroen, die für die Wadaman die größte Bedeutung haben, und deshalb finden sich in ihrem Territorium auch viele mit Ocker gemalte Felsbilder, die die beiden Geistwesen darstellen. Die Darstellungen der Brüder des Blitzes sind sich sehr ähnlich. Ihr Gesicht besteht aus zwei Augen und einer Schlangenlinie, die an der Nase entspringt, sich dann spiralförmig im Uhrzeigersinn um das ganze Gesicht legt und schließlich am Mund endet. Ihren Kopf umgibt ein Glorienschein aus Sonnenstrahlen, und mitten auf der Stirn wächst ihnen ein «Horn». Ihr Körper wird aus senkrechten, ockerfarbenen Linien gebildet, die bis zu den Füßen reichen (ein Symbol für Regen), und ihr Mund ist über eine Speiseröhre aus rotem Ocker mit einem überdimensionalen Phallus verbunden, der zwischen den Beinen herabhängt und Kraft und Fruchtbarkeit symbolisiert. Yagjagbula, die kleinere der beiden Figuren, hält in beiden Händen ein Steinbeil. Dem älteren Bruder Jabiringi scheinen zudem Flügel aus den Schulterblättern herauszuwachsen. Bei beiden Figuren ist der Penis geschlitzt – eine bei den Aborigines in dieser Region verbreitete Methode.

Jeder, der die Brüder des Blitzes zum ersten Mal sieht, ist geradezu überwältigt von ihrem Anblick. Ihr starrer Blick erinnert an griechische Statuen. Sie wirken wie Geistwesen, die unter dem Bann beeindruckender Ereignisse stehen. Gleichzeitig ist da ein Gefühl von ritueller Stärke, das die Felsgalerie von Yiwalalay durchdringt. Die Tatsache, daß der Phallus über einen Kanal mit dem Mund der Brüder verbunden ist, verstärkt den Eindruck, daß «Wort» und «Samen» einander perfekt ausgleichen. Das ejakulierte Wort der Blitzmänner wird für die Befruchtung der Erde bereitgehalten.

Unweit dieses Zentrums befindet sich eine Stätte namens Ngalanjari

Abbildung 1

Abbildung 2

Abbildung 3

Abbildung 4

Abbildung 5

Abbildung 6

Abbildung 7

Abbildung 8

(«Wasserfelsen»), die für die Zeremonie des «Regenmachen» von großer Bedeutung ist. Die hier zu sehenden Felsbilder beziehen sich auf verschiedene Details im Zusammenhang mit dem Mythos über die Blitzbrüder. Früher wurden diese Stätten vor Beginn der Regenzeit von den Wadaman-Stammesangehörigen aufgesucht, die für den Vollzug der Rituale verantwortlich waren. Dann wurden Lieder gesungen und Tänze aufgeführt, um die sehnlichst erwarteten Blitzbrüder am wolkenverhangenen Himmel gnädig zu stimmen. Jedes Ritual sollte Aspekte des Mythos bekräftigen, die sich auf Gesetze aus der Traumzeit bezogen. Gesetze, die nicht Menschen erlassen hatten, sondern die Himmelswesen höchstpersönlich.

Der Mythos von den Blitzbrüdern läßt sich wie folgt zusammenfassen: «Der Regen kam aus dem Westen, von einem fernen Land. Er kam nach Yinalari (das Stammesland der Wadaman), wo er in Gestalt der Regenbogenschlange niederging. Der Regen war in Begleitung der Brüder des Blitzes, Jabiringi und Yagjagbula, die das Land, aus dem sie kamen, aufblitzen und aufleuchten ließen. In Yiwalalay, unweit von Yinalari, stoppte der Regen. Dort entbrannte ein Kampf zwischen den Brüdern. Auch die Regenbogenschlange tauchte am verdunkelten Himmel über Yiwalalay auf, weil sie sich weigerte, länger über Yinalari zu leuchten.»

Daraus entwickelt sich langsam die Geschichte von «Janininawuya» oder den «zwei Blitzen»: «Der ältere Bruder Jabiringi hatte ein Weib namens Ganayanda. Sie war seine Zweitfrau, und Yagjagbula fühlte sich stark zu ihr hingezogen. Als Jabiringi eines Tages auf Känguruhjagd war, beschloß Yagjagbula, mit ihr durchzubrennen. Während also Ganayanda an einem Wasserloch Wasser schöpfte, wurde sie von Yagjagbula entführt. Doch Jabiringi holte seinen jüngeren Bruder und seine Frau ein. Es kam zu einer heftigen Auseinandersetzung zwischen den beiden, und schon bald gingen sie mit Bumerangs und Keulen aufeinander los. Während sie so kämpften, kamen Frösche des Weges. Sie waren mit dem Regen nach Yinalari unterwegs und blieben nun stehen, um den Kampf zwischen den Blitzen weiter zu verfolgen. Um die Stelle zu markieren, durchbohrten die Frösche mit Speeren den nahegelegenen Felsen, aus dem sogleich klares Wasser hervorsprudelte. Aus dieser Quelle trinken die Wadaman noch heute. Die Brüder des Blitzes aber kämpften unerbittlich weiter und gingen immer wieder mit dem Wurfholz aufeinander los, bis Jabiringi seinen jüngeren Bruder schließlich am Kopf traf. Jabiringi schleuderte seinen Bumerang dabei so heftig, daß der Felsen («Wasserfelsen») beim Aufprall mitten entzweibrach, wie wenn er Yagjagbulas Schädel gespalten hätte. Am Ende bekam er Yagjagbulas Keule zu fassen und schleuderte sie weit fort, in den Barguya Creek. Die ganze Zeit, als die Brüder miteinander kämpften, fiel der Regen auf die Erde. Es war ein so harter Kampf, daß der Regen sich allmählich fragte, ob er ganz umsonst den weiten Weg nach Yinalari gekommen war. Und so zog er schließlich weiter nach Yiwalalay.»

Der Sänger gibt dazu folgende Erklärung: «Die weißen Kristalle, die sich im Wasserfelsen der Traumzeitstätte zeigen, sind durch den Regen entstanden. (Es sind Kalkspatkristalle, die durch der Fels an die Oberfläche dringen.) Wenn es heiß ist, geben wir nur wenig Wasser ins Kochgeschirr. Doch wenn am Nachmittag die Wolken den Regen «ausschütten», dann ist viel mehr Wasser drin.»

Der Sänger erzählt weiter: «Die Alten trafen sich immer zum Steinesammeln bei Montejinnie. Die Steine brauchten sie, um die Rinde des Kapokbaumes zu zerstoßen. Mit dem daraus gewonnenen Pulver bemalten sie dann ihren Körper und veranstalteten einen Corroboree, eine Stammeszeremonie, bei der es um das Regenmachen ging. Danach legten sie sich drei Tage schlafen. Am vierten Tag begann es dann immer zu regnen. Wolken zogen am Himmel auf, während sich die Blitzbrüder dem Kampf stellten. Irgendwann hörte der Regen dann auf und die Frösche verstummten. Der wahre Grund, warum die beiden Brüder gegeneinander kämpften, war, daß Jabiringis Frau Ganayanda einer Untereinheit der Yimbanari angehörte (vermutlich war es ihm laut Stammesgesetz verboten, eine Ehe mit ihr zu schließen). Oder weil seine andere Frau, Gulidan, einer Untergruppe der Yimbalyari entstammte.

Wie dem auch sei, die Regenbogenschlange ließ Jabiringi weiter aufleuchten (oder blitzen), während sie über Yinalari hing. Jenseits davon fiel kein Regen mehr.»[2]

So also gibt der Sänger den Mythos von den Brüdern des Blitzes wieder. Oberflächlich betrachtet ist es eine relativ simple Geschichte über den Beginn der Regenzeit mit Regenwolken, die, von der Tanami-Wüste kommend, nach Südwesten ziehen und Blitze und Regenbogen mit sich führen. Wir werden mit Naturgewalten konfrontiert, denen der Sänger menschliche Züge verleiht, um die mythologische Erklärung für ein offensichtlich meteorologisches Ereignis zu bekräftigen. Es ist durchaus nicht ungewöhnlich bei Naturvölkern, daß sie ihre geistige Verbundenheit mit der Natur öffentlich kundtun. Die Nichteingeborenen gehen aber irrtümlicherweise immer davon aus, daß der metaphysische Gehalt der Geschichte, abgesehen von einer gewissen Scheinreligiosität beim Vollzug der Rituale gleich Null ist.

Wenn wir die sakramentale Bedeutung des Mythos verstehen wollen, müssen wir zunächst einmal hören, was ein Wächter dieser Kultstätte zu sagen hat. Idumdum, besser bekannt als Bill Harney, ist verantwortlich für den Erhalt der Blitzmänner und der verschiedenen Stätten, die mit dieser Mythe in Verbindung stehen. Er war es, der uns als erster auf den kosmischen Kampf aufmerksam machte, den sie alle Jahre wieder in der Regenzeit austragen. Obwohl im Stammesland der Wadaman geboren und aufgewachsen, ist er später in die europäische Welt übergewechselt und lebt und arbeitet heute in Katherine. Trotz christlicher Erziehung glaubt Bill Harney felsenfest, daß er Jesus Christus nicht so stark verbunden ist wie den Geistwesen seines Stammes, den Brüdern des Blitzes. Sie sind seine Avatars. Auf mein Fragen hin erklärte er mir weitere Aspekte der besagten Felsmalereien.

Bill zufolge ist Jabiringis verlängerter Phallus ein Symbol für seine Kraft *paraunda*. Als der dominantere von beiden kann er Bäume ausreißen und Menschen auf der Stelle töten, besonders dann, wenn sie Metallstifte im Kopf haben oder gerade dunkles Fleisch auf der Schulter tragen. Jabiringis *paraunda,* so sagt er, ist nicht nur eine physische Eigenschaft. Sie bezeichnet auch eine spirituelle Kraft, die dem Geistwesen in seiner Funktion als Traumzeitwesen verliehen wurde. Indem er sein Glied tief in den Boden stößt (was ein Blitz beim Einschlag ja auch tut), «befruchtet» er die Erde, selbst wenn er dabei Bäume entwurzelt.

Yagjagbula ist zwar nicht so dominierend wie sein Bruder, verfügt aber dennoch über ein beachtliches Maß an *paraunda*. Bill Harney zufolge sind seine kleinen Steinbeile dazu da, «Bäume zu spalten», wie es auch ein Blitz vermag. Yagjagbula hat ebenfalls einen Phallus von beachtlicher Größe, mit dem er in der Regenzeit die Erde befruchtet.

Die beiden Hauptakteure des kosmischen Dramas sind damit hinreichend beschrieben. Es gibt aber noch andere zentrale Gestalten. Das für die Aborigines bedeutendste Himmelswesen – die Regenbogenschlange – tritt wie gewöhnlich als Regenbogen in Erscheinung. Auch er hat die Fähigkeit «aufzuleuchten» oder zu «blitzen», was auf eine Art kosmischen Dialog mit den Blitzmännern hindeutet, sobald sie am Himmel erscheinen. Auch der Regen erscheint in menschlicher Gestalt, zum einen als «Erscheinung» und zum anderen als Beobachter. Er bringt es fertig, den kämpfenden Brüdern zuzuschauen, obwohl er doch zum Teil für diesen Kampf verantwortlich ist. Es scheint, als wäre der Regen paradoxerweise die weibliche Verkörperung des flüchtenden Weibes Ganayanda, denn «sein» Kommen ist der Auslöser für den Kampf zwischen den Brüdern. Das Gegensatzpaar männlich – weiblich ist nämlich ganz und gar nicht ungewöhnlich in bezug auf das Regenmotiv.[3]

Die restlichen Akteure sind Frösche und Menschen. Der Beitrag der Frösche am kosmischen Drama besteht darin, den Fels zu durchbohren, damit frisches Wasser hervorsprudeln kann. Das Motiv des Speeres, der in die Erde gestoßen wird, um sie fruchtbar zu machen, taucht auch bei dem persischen Helden Tishtriya[4] auf, der in Gestalt eines Schimmels den Regensee durchlöchert. Tishtriya, auch als Tir oder «Pfeil» bekannt, wird zuweilen mit Pfeil und Bogen dargestellt. Einem Mithras-Text zufolge schießt Mithras, der Gott des Lichts, mit seinem Pfeil Wasser von dem Felsen, um die Dürre zu beenden.[5] Da die Frösche den Regen begleiten und dem Kampf zwischen den Brüdern zusehen, tragen sie offensichtlich dazu bei, daß sich das lebenspendende Wasser auf das ausgedörrte Land ergießt, und sind somit dem Wadaman-Stamm behilflich.

Auch die Menschen tragen etwas dazu bei, daß es regnet. Indem sie ihren Körper mit den heiligen Ornamenten verzieren und die entsprechenden Tänze aufführen, bevor sie sich drei Tage zum «Schlafen» (Meditieren) zurückziehen, lösen sie am vierten Tag einen Wolkenbruch aus. Die Menschen werden also wie die Himmelshelden in das kosmische Drama einbezogen, das ohne ihr Mitwirken auch nicht in Erfüllung geht.

So betrachtet verbirgt sich hinter dem Mythos von den Brüdern des Blitzes mehr als nur eine Geschichte über den Regenzauber. Für die Wadaman verkörpern die Blitzmänner weit mehr als nur ein Geisterduo von zwiespältigem, bösartigem Charakter, das wegen einer Frau in Streit gerät. Die Hagiographie allein deutet auf einen Zusammenhang mit Mythen aus anderen Kulturkreisen hin. Der Bruderzwist von Kain und Abel fällt einem dazu ein, aber auch der Ringkampf zwischen Gilgamesch und seinem Freund Enkidu, von dem der 3000jährige sumerische Gilgamesch-Epos berichtet. Bedeutungsvoller für unsere gegenwärtige Untersuchung ist jedoch die Artusdichtung von Thomas Malory, speziell die Geschichte, wo es um die zwei kämpfenden Brüder Balin und Balan geht.6

In besagter Geschichte zieht sich Balin den Zorn eines Fräuleins zu, als er sich weigert, ihr ein Zauberschwert zurückzugeben, das er mit Leichtigkeit aus der zuvor unbeweglichen Scheide gezogen hatte. «Hört», sagte das Fräulein, «Ihr handelt nicht klug, wenn Ihr mir das Schwert nehmt, denn Ihr werdet damit Euern besten Freund erschlagen, den Mann, den Ihr am meisten liebt auf der Welt, und das Schwert wird Euer Untergang sein.» Nach vielen Abenteuern, in denen Balin trotz seiner guten Absichten immer wieder Unheil anrichtet, trifft der jüngere Bruder schließlich auf dem Schlachtfeld seinen eigenen Bruder Balan, «den Mann, den er am meisten liebt auf der Welt» und dessen Vernichtung das edle Fräulein vorausgesagt hatte. Balan war zu der Zeit der Priester und Hüter der Fraueninsel und beschützte somit das Heiligtum des Lebens. Weil Balin den eigenen Schild gegen einen größeren ohne Wappen eingetauscht hatte, erkannte ihn sein Bruder Balan nicht und kämpfte mit ihm auf Leben und Tod. «Und so legten sie die Lanzen ein, rannten voller Wucht gegeneinander und trafen einander auf den Schild...» Da sie etwa gleich stark waren, kämpften sie weiter, bis ihnen der Atem ausging und sich auf dem Boden eine große Blutlache gebildet hatte.

Ihre letzte Begegnung verläuft dann folgendermaßen: «Darauf fochten sie weiter und verwundeten einander schwer und verschnauften wieder und kämpften von neuem so verbissen, daß die Stätte rot von Blut war... Bei dem grimmigen Streit öffneten sich ihre Panzerhemden, daß sie auf allen Seiten nackt waren. Schließlich zog sich Balan, der jüngere Bruder, ein wenig zurück und legte sich hin. Da sagte Balin le Sava-

ge: Was für ein Ritter bist du? Bis heute habe ich noch keinen Ritter gefunden, der mir standhielt.»

«Mein Name ist Balan», erwiderte der andere, «ich bin der Bruder des
wackeren Ritters Balin.»

«Wehe», rief Balin, «daß ich diesen Tag erleben muß», und bei diesen
Worten fiel er ohnmächtig hintenüber.»

Die Ähnlichkeiten zwischen dieser Geschichte und dem wesentlich älteren Mythos von den Blitzbrüdern sind nicht zu übersehen. Zwei Brüder, ein älterer und ein jüngerer, schlagen sich wegen eines Diebstahls,
zu dem eine Frau animiert hatte. Daß beide Geschwisterpaare nieder-
gestreckt werden, deutet darauf hin, daß die durch beider Feindselig-
keit freigesetzten zerstörerischen Kräfte neutralisiert werden. Ihr
Kampf ist ein Kampf auf Leben und Tod. Doch indem sie sich gegenseitig vernichten und die zwei Seiten von ein und derselben «zerbro-
chenen Persönlichkeit»[7] bezwingen (bedingt durch ihre Verwandtschaft), können sie sich wieder versöhnen. Bei den Brüdern des Blitzes
findet diese Versöhnung ihren Ausdruck im Beginn der Regenzeit und
im Zustrom der lebenspendenden Gewässer, die für das Überleben des
Wadaman-Volkes so dringend nötig sind.

Yagjagbulas Bemühungen, seine Frau zu schützen, die «vom Wasserloch» entführt wurde, wiederholen sich in abgewandelter Form auch in
der Geschichte von Balin und Balan. Bei ihrer Begegnung war Balan der
Beschützer der Fraueninsel und wachte über die Heiligkeit des Lebens.
Ganayandas Rolle als weibliches Prinzip, als Schoß, aus dem das Universum hervorgeht, macht es erforderlich, daß der Ehemann sie
zurückbekommt, sie «beschützt», ungeachtet ihrer Motive zum Zeitpunkt der Entführung.

Auf dieselben widersprüchlichen Motive stoßen wir, als Helena mit Paris nach Troja durchbrennt. Auch Menelaos als gehörnter Ehemann
hielt es für nötig, Helena als sein Eigentum zurückzufordern, denn für
ihn und das hellenische Volk verkörperte sie weitaus mehr als das schar-
lachrot gekleidete Weib. Denn trotz ihrer unwiderstehlichen Anzie-
hungskraft (wie bei Ganayanda?) ist sie ein Teilaspekt der Großen Mutter, die Geliebte, aus deren Schoß alles Leben hervorgeht. Ganayandas
fragwürdige Treue gegenüber ihrem Mann und die Tatsache, daß sie
Yagjagbula verführt hat, entspricht exakt der überwältigenden Liebes-

fähigkeit der Großen Mutter. Diese Fähigkeit treibt Männer wie Paris dazu, das Gastrecht in Menelaos Palast zu mißbrauchen, und zwingt Yagjagbula, seine eigene Handlungsweise durch die fadenscheinige Ausrede zu rechtfertigen, es seien verwandschaftliche Tabus verletzt worden. In beiden Fällen erscheint der Mann als Opfer. Er ist jedoch das Opfer der Liebe, jener schrecklichen, instinktiven Kraft, die zerstört (siehe der Untergang Trojas und der Kampf der Blitzmänner), bevor es zur Erlösung kommt. Betrachten wir die Waffen der Blitzbrüder, wird deutlich, daß ihre heilige Herkunft nicht mit der tatsächlichen Erscheinungsform übereinstimmt. Blitze entstehen durch elektrische Entladung in der Atmosphäre. Ein Blitz ist aber auch das Zepter eines Königs, der Thyrsosstab der Götter. In einer orphischen Hymne an Zeus, den mächtigsten aller griechischen Götter, erfahren wir, daß «Zeus Anfang und Ende war, der mit den funkelnden Blitzen... Zeus ist König, Zeus ist der Herrscher über Himmel und Erde, der mit den leuchtenden Blitzen». Homer gibt Zeus immer wieder den Beinamen *nephelegeretes*, was soviel heißt wie der Wolkensammler. Bekannt war er auch als «Regengott» und als Gott des «Blitzes», allesamt Eigenschaften, die ihn als «Wettergott» auszeichnen.[8] Die heftige Auseinandersetzung zwischen Jabiringi und Yagjagbula ist im Grunde genommen ein echter Kampf der Titanen, wobei beide die göttliche Macht als Wettergott anstreben. Wie Zeus verkörpern sie eine Art urzeitliche *paraunda* oder *puissance*, die sie von anderen Kulturheroen wie dem Regen oder auch der Regenbogenschlange abhebt.

Es gibt noch eine interessante Parallele zum Zeus-Mythos, nämlich dort, wo es um die Hochzeit des Göttervaters mit seiner Tochter Demeter (der Göttin des Getreides und des Ackerbaus) geht. Ganayandas Entführung durch Yagjagbula wegen unerlaubter Stammeszugehörigkeit entspricht der Inzestehe zwischen Zeus und seiner Tochter. Weiter stellen wir fest, daß es in der australischen Stammesgesellschaft die Frauen waren, denen das Sammeln der pflanzlichen Nahrung oblag, so wie auch Demeter für den Erntesegen verantwortlich war. Von Demeter heißt es, daß sie sich auf «dreimal gepflügtem» Felde in heiliger Hochzeit mit ihrem Geliebten einte. Aus dieser Verbindung ging das Kind Plutos («Spender des Reichtums») hervor, und dementsprechend üppig fiel auch die Ernte aus.[9] Zeus tötete ihren Liebhaber schließlich mit einem Blitzstrahl, auf dieselbe Weise, wie auch Jabiringi versuchte, seinen Bruder aus dem Weg zu räumen. Es liegt also auf der Hand, daß die beiden Brüder mit Hilfe von Blitzen kämpfen, damit der Regen (Reichtum) fällt.

Das heißt jedoch nicht, daß irgendeine direkte Verbindung zwischen der griechischen oder auch der keltischen Mythologie und den Überlieferungen des Wadaman-Volkes besteht. Hier wird lediglich die Vermutung geäußert, daß die verschiedenen Traditionen unverkennbare Parallelen aufweisen, und dadurch unterstrichen wird, was diese Themen darstellen: den universellen Ausdruck von komplexen metaphysischen Vorstellungen, die auf ein profundes spirituelles Erbe hindeuten, das den weltlicheren Geschichten fehlt. Die Tatsache, daß die Taten von Zeus, «dem Göttervater» in ähnlicher Form auch in den Mythen viel älterer Kulturen – wie zum Beispiel bei den Aborigines – auftauchen, unterstreicht nur die primordiale Natur göttlicher Ereignisse, wo immer und wie auch immer sie sich offenbaren.

Diese Verbindung reicht bis zur Regenbogenschlange. Die Regenbogenschlange, auch «Pulwaiya» (wörtl. Vater des Vaters) genannt und in ganz Australien von den Aborigines als mächtigster Ausdruck der Göttlichkeit verehrt, gebot nicht nur über Donner und Blitz (womit sie den Beginn der Regenzeit einleitete), sondern galt auch als Schöpferin der Flüsse und des Weges, auf dem das präexistente Geistkind in den Schoß seiner Mutter gelangt.[10] Daß die Regenbogenschlange und die Blitzbrüder in Verbindung stehen, beweist der Glaube der Hopi-Indianern, wonach Schlangen gleichzeitig Blitze sind, die Regen ankündigen. Wenn man bedenkt, daß der deutsche Mystiker Jakob Böhme (1575 – 1624) im Blitz eine plötzliche Verzückung oder Erleuchtung sah, dann erkennen wir allmählich den Zusammenhang zwischen der Regenbogenschlange als Kultfigur und ihrer Rolle als Verkünderin der Wahrheit bei den Aborigines.

Es gibt eine Reihe von wichtigen Details, die diesen Zusammenhang weiter verdeutlichen. So wird zum Beispiel der Regenbogen als keine gewöhnliche Erscheinung gesehen, sondern als Brücke, über die nur Götter sicher gehen können. Versucht ein Mensch, diese Brücke zu passieren, wird er augenblicklich getötet. Im Gegensatz zu den Göttern muß er «darunter» hindurchgehen. Bei den Aborigines schafft denn auch nur der *karadji*, den Aufstieg. Er allein kann einen Postulanten auf den Regenbogen geleiten, wo diesem dann das verborgene Wissen übermittelt wird, das allein die Regenbogenschlange kennt. Im Nordwesten Australiens gelangte der Novize folgendermaßen auf den Regenbogen: Der *karadji* nahm zunächst die Gestalt eines Skelettes an und steckte dann den Novizen in eine kleine Tasche über seiner Hüfte. Zu diesem Zeitpunkt war der Schüler durch einen magischen Akt bereits auf die Größe eines Kindes geschrumpft. Dann, rittlings auf dem Regenbogen sitzend, zog sich der *karadji* selbst hoch, wie wenn er an einem Seil hochklettern würde. Oben in den Lüften schleuderte er den jungen Mann, nunmehr zum Homunkulus geworden, in die Leere, wo er wie «tot» dalag. Im Anschluß an diese Initiationsprüfung füllte der *karadji* den reglosen Körper des Schülers mit Regenbogenschlangen und Quarzkristallen, dem Abglanz des göttlichen Leuchtens. Nach dieser Initiationsreise zum Regenbogen kehrte der Novize mit seinem Meister auf die Erde zurück und wurde mit weiteren Kristallen angefüllt. Danach durfte er «aufwachen», das heißt, aus der Trance erwachen, in die er für die Dauer der Zeremonie gefallen war. Mit der Zeit konnte der junge Novize auch allein auf den Regenbogen gelangen, um dort oben in den Lüften in weitere Geheimnisse eingeweiht zu werden. Eine solche Reise über die Regenbogenbrücke ins Reich der Himmelsheroen impliziert eine jenseitige Dimension in der Gestalt der Regenbogenschlange. In ihrer Gegensätzlichkeit als Herrin der Erde und der Unterwelt weckt die Schlange nicht nur Urängste, wenn sie die Form der Urmutter als Uroboros, die sich in den Schwanz beißende Schlange, annimmt. Dieser Aspekt der Regenbogenschlange soll nur die metaphysische Ambivalenz der Himmelsheroen als wahres Numen oder Geist betonen. Noch wichtiger ist vielleicht, daß die Reise über den Regenbogen die Kluft zwischen den Menschen und der Geisterwelt der Traumzeit verdeutlicht. Nur wer die die sinnlich wahrnehmbare Welt der äußeren Erscheinungen transzendiert hat, kann sich aufmachen in die Jenseitswelt, und dann auch nur, wenn er wieder unschuldig wie ein Kind geworden ist.

Die Regenbogenschlange als Uroboros ist jedoch allgegenwärtig. Genauso wie der Drache oder die Schlange, die in Höhlen und an dunklen

Plätze hausen, muß es überwunden werden, wollen wir unser niederes Selbst bezwingen und Ganzheit erlangen. Selbst Zeus trug den Beinamen chthonios («der dunkle, in der Erde oder unterirdisch wohnende und wirkende Gott») und erschien stets in der Gestalt einer Schlange. Die Gesichtszüge von Jabiringi lassen die alte symbolische Darstellung des sich selbst befruchtenden Schöpfergottes erkennen. Der Uroboros verbindet die Nase (die Öffnung zum Einatmen und somit zur «Inspiration») mit dem Mund (aus dem das erste Wort erklingt). Die Wadaman beschäftigten sich also sehr eingehend mit der Frage, wie der «sich selbst offenbarende» und «sich selbst darstellende» Gott bildlich am besten darzustellen sei, bevor sie die Blitzbrüder das erste Mal auf die Felswände malten.

Das Inhalieren des Geistes oder des «Lebensodems» und das darauf folgende Ausstoßen als schöpferisches Wort oder Prinzip ist ein altes Motiv, das sowohl in der ägyptischen als auch in der hinduistischen Mythologie immer wieder auftaucht. Der schöpferische Aspekt der Gottheit wird auch im Evangelium nach Johannes betont, wenn dieser verkündet: «Im Anfang war das Wort, und das Wort war bei Gott, und Gott war das Wort.» Daß die Wadaman-Höhlenmaler diese ehrfurchtgebietende Wahrheit zum Ausdruck brachten, indem sie Nase, Mund und Phallus miteinander verbanden, unterstreicht einmal mehr den kreativen Aspekt im Wesenskern der Blitzbrüder. Es sind keineswegs nur primitive Gestalten aus der Mythologie, sondern frühe Abbildungen des Göttlichen, das sich in der Regenbogenschlange verkörpert. Die Blitzbrüder sind eine komprimierte Wiedergabe der komplexen und oft widersprüchlichen Natur der Regenbogenschlange. Nach der orphischen Terminologie bedeutet der Name des Halbgottes und Helden Herakles (Herkules) etymologisch betrachtet «zusammengerollte Schlange» und als solche symbolisiert sie die Wanderung der Sonne durch den Tierkreis. Daß die Regenbogenschlange alljährlich zur Regenzeit ins Land der Wadaman zurückkehrt, und zwar als der durch die Brechung des Sonneslichts im Regen entstandene Regenbogen, zeugt ebenfalls vom abgeschlossenen Tierkreis. Durch ihre Anwesenheit beim göttlichen Kampf zwischen den beiden streitenden Brüdern betont die Regenbogenschlange die kosmische Relevanz ihrer Begegnung. Eigentlich sind es gar keine feindseligen Brüder, sondern Protagonisten einer überirdischen Ordnung, die die regenerative Kraft des Wassers verherrlichen – eine Kraft, die durch Ganayanda, die «Wasserträgerin», verkörpert wird. Regenbogenschlange und Regen sind somit untrennbar miteinander verbunden; Katalysator für ihr Erscheinen ist der Kampf zwischen den Blitzbrüdern, dem die Entführung Ganayandas vorausging, als sie am Wasserloch «nach Wasser Ausschau hielt». Im Mythos von den Blitzbrüdern werden also bestimmte Naturerscheinungen verklärt und geheiligt. Thales von Milet, der griechische Naturphilosoph, sagte einmal, daß «die Götter in allem sind». Die Wadaman-Sänger haben einen Mythos erschaffen, der dieses Prinzip bestätigt. Die Natur, soweit sie davon betroffen sind, folgt einem inneren Ordnungsprinzip, ohne jemals davon abzuweichen. In diesen Naturerscheinungen erkennen sie das Wesen ihres Ursprungs und werden dadurch noch tiefer ins mystische Reich der Traumzeit hineingezogen. Indem sie den Kampf zwischen den Blitzbrüdern feiern, nehmen sie aktiv am kosmischen Drama teil und sind nicht bloß Zuschauer. Das Überqueren der Regenbogenbrücke und das Vordringen in die letzten Geheimnisse der Schöpfung ist nicht nur eine große Hoffnung mit wenig Aussicht auf Verwirklichung. Die Wadaman-Sänger wissen, daß eine solche Reise nachvollziehbar ist, denn die Vorstellung davon gehört seit jeher zu den Grundsätzen ihres spirituellen Lebens. Sie wissen, daß das Uroboros-Gesicht von Jabiringi und Yagjagbula nichts anderes ist als eine Manifestation des heiligen Labyrinths, das mitten ins Heiligtum der Regenbogenschlange führt. Von Bill Harney erfuhren wir, daß ein bedeutsamer Akt beim «Regenmachen» darin bestand, ein Messer aus Stein durch den gespaltenen Penis der aufgemalten Figuren zu ziehen. Damit, so sagte er, wurde dem alten Regenmann ein Schnitt zugefügt, aus dem er dann blutete. Durch diesen sympathetischen Akt der Magie hoffte man, das lebenspendende Naß, das sich während der Trockenzeit angesammelt hatte, dem Phallus der Himmelsheroen zu entlocken. Der Regen, die regenerative Gabe der Himmelsheroen, das immerwährende Taufbecken, in das das Land zwecks Erneuerung eingetaucht werden muß, wird schließlich zu den Speeren der Frösche (Regen prasselt ja auch wie Speere auf die Erde) und befreit somit das kostbare Naß, damit es sich wieder über das Wadaman-Stammesland ergießen kann.

Das wird dargestellt als das Blut, das die Götter für sein Volk vergossen haben, wie Bill Harney es andeutet, wenn er «den alten Regenmann bluten läßt». Wenn hier auch kein Zusammenhang mit der Eucharistie erkennbar ist, die Symbolik ist trotz alledem eindeutig. Jesus Christus, der Gottmensch, vergoß sein Blut, um die Menschheit zu erlösen. Nichts anderes macht die Regenbogenschlange, wenn sie in der Verkörperung von Jabiringi und Yagjagbula ihr Blut gibt für das geliebte Volk der Wadaman.

Der Mythos von den Blitzbrüdern sprengt also bei weitem den Rahmen einer einfachen Geschichte über das «Regenmachen». Sie dennoch als solche zu betrachten, wäre eine Verunglimpfung der metaphysischen Weltsicht, die dem Kampf zwischen diesen Himmelswesen innewohnt. Eigentlich sollte jede Religion und jede Weltsicht das Recht haben, nach den von ihr angestrebten Höhepunkten beurteilt zu werden und nicht nach den Verflachungen, die sie erleidet. Aus der Sicht der Aborigines birgt der Mythos von den Blitzbrüdern komplexe metaphysische Wahrheiten über ständig wiederkehrende Naturerscheinungen. Für das Volk der Wadaman ist Regen der Ursprung des Lebens. Daß Donner und Blitz ihn begleiten, unterstreicht nur die kosmische Störung, mit der sie am Ende jeder Trockenperiode rechnen.

Trotzdem droht immer die Gefahr, daß der Regen einmal ausbleibt. Die Wadaman haben zwar durch Beobachtungen gelernt, die Anzeichen für die beginnende Regenzeit zu erkennen, aber sie wissen auch, daß es ohne den Kampf zwischen den Brüdern höchstwahrscheinlich nicht dazu kommt, daß die Frösche ihre Speere werfen und die Regenbogenschlange züngelt. Das ist der springende Punkt, der sich für die Wadaman zu einem echten metaphysischen Dilemma ausweitet. Darauf basiert denn auch die strikte Einhaltung von Ritualen. Diese Rituale können sowohl das Rezitieren wie beim Abschreiten des Kreuzweges betreffen als auch den Phallus, der «eingeritzt wird, damit der alte Regenmann blutet». In beiden Fällen ist der Segensakt dazu angetan, die Seele eines Menschen – schon beim Vollzug der Riten – zu läutern.

Die Blitzbrüder sind wahre Avatars. Ihr Schlachtfeld ist allerdings ebensosehr die menschliche Seele wie die Luft über dem Wadaman-Stammesland. Bezeichnenderweise wird ihre Würde durch das einzelne, spitze Horn auf ihrer Stirn und ihren sonnenähnlichen Strahlenkranz symbolisiert. Dem frühchristlichen Kritiker Priscillian zufolge war Gott «einhörnig»[11] und somit einzig. Der zum «Göttersohn» geweihte Alexander wurde häufig mit den ausladenden Hörnern eines Widders dargestellt und galt somit als Sonnenträger. Dieses archetypische Symbol wird auch von Hippolytos aufgegriffen, der die Schlange folgendermaßen mit dem einhörnigen Stier vergleicht: «Es heißt auch, daß alles von ihr (der Schlange) abhängt, daß sie gut ist und von allem etwas (Hervorhebung von mir) in sich trägt wie das Horn des einhörnigen Stiers. Sie verleiht allen Dingen Schönheit und Reife...» Und wieder haben wir ein anschauliches Beispiel vor Augen für die ursprüngliche Verbindung zwischen den Blitzbrüdern und der Regenbogenschlange. Sie sind eindeutig ihr Wegbereiter bei der Wiederherstellung der kosmischen Ordnung, denn «das Horn, das dort drüben glitzert wie ein Dach mit vierflügeligen Seiten, mit dem vertreiben wir die kshetriya genannte Erbkrankheit aus deinen Glieder», wie es in einer Hymne der Atharvaveda (III,7) heißt.

Die Blitzbrüder bekunden also mit ihren Taten den positiven Aspekt der gegenseitigen Selbstzerstörung im Interesse einer kosmischen Erneuerung. Dies ist die Grundlage einer tiefgründigen spirituellen Wahrheit, die von den Wadaman auch dementsprechend gewürdigt wird. Der Kampf der Himmelsheroen ist nicht vergebens, denn nur darüber können sie dem Wadaman-Volk das Wissen über die «Schönheit und Reife aller Dinge» vermitteln, die mit dem Beginn der Regenzeit einhergeht. Wir beobachten hier jene ursprüngliche Begegnung zwischen dem Geist und seiner materiellen Erscheinung einerseits und der Hochachtung der Menschen vor diesem Naturereignis andererseits. Beide Seiten finden weltweit ihre Bestätigung in Glaubenslehren und Weltanschauungen, seien sie monotheistisch, polytheistisch oder animistisch ausgerichtet.

So überrascht es denn nicht, daß die Blitzbrüder von dem Wadaman-Volk so hoch verehrt werden. Sie verkörpern für sie nämlich nicht nur ein bedeutsames Numen, sondern tragen auch dazu bei, ihre kulturelle Identität in einem unermeßlichen und einsamen Garten Eden zu bewahren. Doch auch für Nichteingeborene sind sie von Bedeutung, erkennen wir doch in ihnen Prototypen unserer eigenen göttlichen Darstellungen, die nicht mehr und nicht weniger «primitiv» sind, nur weil wir sie anders zum Ausdruck bringen. Es ist vielmehr so, daß uns das Volk der Wadaman teilhaben läßt am immerwährenden Streben des Menschen, die göttliche Gestalt in allen ihren geheimnisvollen und subtilen Formen zu erkennen. Die einhörnigen Regengötter zeugen von einer Vision der Schönheit und Erneuerung, die uns noch verfolgt, wenn wir uns zurückziehen zwischen die kargen Hügel unserer eigenen entmythologisierten Landschaft.

1 Maurice Aniane, *Material for thought*, Twickenham 1976.
2 Francesca Merlan, *Wadaman Mythology Associated with Delamere Sites*. Nur als Ms. vorliegend.
3 C.G. Jung, Symbole der Wandlung, Zürich 1952.
4 *Song of Tishtriya* o.A.
5 Franz Cumont, *Textes*, S. 136ff.
6 Sir Thomas Malory, *Die Geschichten von König Artus und den Rittern seiner Tafelrunde*, Bd. 1, Frankfurt 1977.
7 Heinrich Zimmer, *König und Leichnam*, Gesammelte Werke, Bd. 4, Zürich 1961.
8 C. Kerenyi, *Die Mythologie der Griechen*, München 1987.
9 Ebenda.
10 A.P. Elkin, *The Australian Aborigines*, S. 256ff.
11 «Unicornis est Deus» (einhörnig ist Gott).

KAPITEL 6

Die Metaphysik des Raums

Wie es heißt, sind Nomadenvölker mangels Interesse an einer geregelten Lebensweise auch nicht auf eine bestimmte metaphysische Betrachtungsweise fixiert. Dieser wechselnde spirituelle Standpunkt findet seinen Ausdruck in der Vielzahl der Geistwesen, in Dschinn und Kobolden, und wird dem Wandertrieb der Nomaden zugeschrieben. Ob Tuareg, Sioux oder anatolischer Zigeuner, der Nomade gilt stets als jemand, der sich weigert, dogmatische Standpunkte zu vertreten, weil dies seine Überlebensfähigkeit einschränken könnte. Die australischen Aborigines hatten aufgrund ihrer nomadischen Lebensweise sehr unter ihren seßhafteren europäischen Nachbarn zu leiden. Die Inbesitznahme des Landes durch die Europäer und die eilige Aufteilung des Kontinents in riesige Parzellen zur landwirtschaftlichen Nutzung bereiteten dem echten Nomadenleben in den letzten hundert Jahren ein Ende. Von den traditionellen Stammeswanderungen früherer Zeiten ist heute kaum noch etwas zu merken, es sei denn, man geht in die wenigen entlegenen Gebiete in der zentralaustralischen Wüstenregion. Der einst als Jäger und Sammler umherziehende Aborigine ist zwangsweise seßhaft geworden in Missionsstationen oder Reservaten, den Überresten einer Zeit, in der Kirche wie Staat gefügige Werkzeuge der Landbesitzer und Viehzüchter waren.

Dabei war es gerade diese besondere Raumvorstellung, diese Fähigkeit, trotz des Umherziehens ein Gefühl für seinen «Platz» zu entwickeln, was den australischen Ureinwohner so einzigartig als Mensch und in seinem spirituellen Bewußtsein machte. Im Gegensatz zum Seßhaften, der sich an einem bestimmten Ort angesiedelt hat, lebt der Aborigine im Reich des «kurzlebigen, unwiederbringlichen Augenblicks»[1]. In Abertausenden von Jahren hat er gelernt, diese flüchtigen Momente und die Gegenwart des Ewigen im harmonischen Zusammenspiel täglicher Eindrücke und Erfahrungen zu genießen.

Wir haben es hier mit einer räumlichen Wahrnehmung zu tun, bei der bauliche, mathematische und materielle Aspekte gänzlich fehlen, wenn wir sie losgelöst vom tatsächlichen Land betrachten. Denn das Stammesland oder Territorium, das ein Clan durchstreifen darf, ist eine symbolische Landschaft, gebunden an übernatürliche Ereignisse, die sich irgendwann in der Vergangenheit zugetragen haben. Diese übernatürlichen Ereignisse sind jenseits der Zeit passiert, in jenem Augenblick der Ewigkeit, der in der Kosmologie der Aborigines Traumzeit heißt. Aus eben diesem Grund können wir vom nichtmateriellen Aspekt des Stammeslandes sprechen, vorausgesetzt, seine physische Gegenwart ist rangniederer als sein *meta*-physischer Zustand.

Auf den Seßhaften wirkt ein derart unbestimmter Raum beunruhigend, ja konfliktträchtig. Einen Raum zu bewohnen, der nicht in irgendeiner Weise definiert ist, läßt auf ein Leben in der Wildnis schließen, schlimmer noch – in der Einöde. Aus der Kulturgeschichte seßhafter Völker geht hervor, daß Wildnis etwas Unerträgliches war, das gezähmt werden mußte, bis es den geltenden Maßregeln entsprach. Diese Maßstäbe können auch eine metaphysische Bedeutung haben, wie zum Beispiel beim Bau der Stadt Ekbatana (heute Hamadan) in Medien. Laut Herodot war sie von sieben konzentrischen Mauern umschlossen, die in jeweils unterschiedlichen Farben die sieben Planeten symbolisierten, während sich die Schatzkammer inmitten der Hochburg im heiligen Zentrum befand. Im 15. Jahrhundert versuchte auch der mongolische Herrscher Ulug Beg seine Hauptstadt Samarkand nach dem Vorbild der himmlischen Ordnung am Firmament zu gestalten.

Demnach wurde die Stadt oder das soziale Zentrum als künstliches Universum verstanden. Entweder verkörperte es ein überirdisches Prinzip wie im Fall von Ekbatana oder es wurde eine Bastion gegen die von der Wildnis ausgehende Bedrohung wie die Reisigzäune um einen afrikanischen Kral. Beide Male geht es darum, daß ein Volk, das im «Chaos» oder der Formlosigkeit der Umgebung einen zutiefst negativen Zustand sah, etwas zu ordnen versuchte, was von Natur aus ungeordnet war. Seßhafte Völker fürchten sich gerade deshalb vor der Wildnis, weil sie einen «unzivilisierten» Zustand bezeichnet, das heißt, einen Zustand, in dem das Individuum seine Bürgerrechte restlos einbüßt und infolgedessen als Person herabgewürdigt wird.

Das Bedürfnis des Schwarzaustraliers nach Raum, nach Bewegung, seine Vorliebe für die nomadische Lebensweise, entspringt natürlich seinem Überlebenstrieb. Das karge Nahrungsangebot machte es dringend erforderlich, immer wieder den Standort zu wechseln, um neue Nahrungsquellen aufzutun. Doch darüber hinaus unterliegt er noch einem wesentlich stärkeren Zwang, sein Nomadendasein fortzuführen. Was für den Seßhaften eine feindliche und unwirtliche Wildnis darstellt, ist nämlich für den Nomaden ein unvergängliches Paradies voller Bilder, die seine spirituelle Existenz erklären. Im Gegensatz zum Seßhaften, der Zahlen und Umzäunungen ausgeliefert ist, lebt der Nomade in einer Welt der Weite, die nur den Grenzen der eigenen Vorstellungskraft unterliegt.

Soziale Räume schafft sich der Aborigine daher willkürlich. Für den Bau eines Ritualplatzes oder eines Lagers muß er lediglich ein paar Steine zurechtrücken und Windschirme oder kleine Hütten basteln, die den Clan für die Dauer des Aufenthaltes vor der Witterung schützen. Wenn diese Schutzvorrichtungen nicht mehr zu gebrauchen sind, läßt man sie einfach verrotten. Gegenüber der von Menschenhand geformten Umwelt wird keinerlei Loyalität bekundet, sobald sie ihren Zweck erfüllt hat. Diese nichtmaterielle Einstellung gegenüber Dingen, sei es, daß sie sich zu einem «Platz» formen oder einfach nur Gebrauchsgegenstände sind, ist ein weiterer Grund für das Mißtrauen der Seßhaften. Die Vorstellung, daß Dinge nur zeitweilig «besessen» werden sollten, läßt auf eine unökonomische Denkweise schließen, die sich mit den Idealen des Seßhaften nicht verträgt. Letzten Endes ist es dieses Weltbild, das der Seßhafte im höchsten Grade für lebensbedrohlich hält. Seine Ansprüche auf rechtmäßigen Besitz, auf Hab und Gut, werden ganz einfach zunichte gemacht, weil der Nomade diese Werte nicht anerkennt. Andererseits begrüßt es der Aborigine, daß keine klare Definition von sozialem Raum existiert. Lieber spürt er diesen Raum mit seinem eigenen Körper, als daß er auf das Vorhandensein formaler Grenzen vertraut. Big Bill Neidjie, ein Angehöriger des Kakadu-Stammes, drückte es einmal folgendermaßen aus: «Ich fühle es mit meinem Körper, mit meinem Blut. Spüre all diese Bäume, das ganze Land... Wenn der Wind weht, dann fühlst du es. Dasselbe gilt für das Land... Du fühlst es. Sicher, du siehst es auch, aber das Fühlen, das bist du. *Dort draußen in der Weite des Landes*» (Hervorhebung von mir).[2] Offensichtlich ist es eine Ebene des geistigen Fluidums, durch die er Zugang zu seiner Umwelt bekommt. Ungern zeigt er ihre Grenzen auf. Nur widerstrebend gibt er ihr eine formale Dimension, außer als Erweiterung seiner selbst. Was ihn betrifft, so kann das Land, der Raum, den er durchschreitet und wo er seine spirituelle Wirklichkeit findet, nur «durch seinen Körper kommen».

Ein solche Sichtweise steht im krassen Gegensatz zu der Vorstellung, die der Seßhafte von seiner Umwelt hat. Für ihn stellt die Umwelt eine objektive Realität dar, die er sich selbst in seiner Phantasie geschaffen hat. Demnach ist eine Kathedrale, eine Moschee, selbst ein Haus oder ein Dorfplatz die objektive Darstellung seines inneren Ideals. Für den Nomaden trifft das genaue Gegenteil zu. Er sieht seine physische Umwelt als eine Projektion der Archetypen, die sein Leben beherrschen, sein reales wie auch sein imaginäres. Somit kann er dieser Landschaft Werte zuordnen, die auf den Seßhaften bestenfalls wie Pantheismus und schlimmstenfalls wie Aberglauben wirken.

Des weiteren stellen wir fest, daß sich die Beziehung des australischen Ureinwohners zu dem in Anspruch genommenen Raum in seinem Handeln widerspiegelt. Da sein Raum nicht durch Zahlen, geschweige denn durch zeitliche Vorstellungen behindert wird, kann er, geistig wie körperlich, eine völlig andere Haltung einnehmen. Ob er ruht oder ob er aktiv ist, sein Körper ist gänzlich auf räumliche Weite ausgerichtet. Aborigines sitzen selten dicht beieinander. Wenn sie zusammenkommen, um sich zu unterhalten, dann wahren sie den gebührenden Abstand, so als wollten sie sich ein Gefühl der «Distanz» bewahren, entsprechend ihrem Verständnis von Grenzenlosigkeit. Wir erkennen in der Haltung eines Nomaden einen bestimmten «Rhytmus», sei es, daß er geht, rennt, irgendeine Kulthandlung vollzieht oder einfach still auf dem Boden sitzt.

Was den australischen Ureinwohner so unverwechselbar macht, ist die

Vorstellung, daß sich dieser unbegrenzte Raum in den Körperbewegungen fortsetzt. Sein Körper ist zugleich ein Spiegelbild des Landes, das er sein eigen nennt, und ein Ausdruck seiner körperlichen Fähigkeiten oder Sportlichkeit. Die Art, wie er sich bewegt, seine Geschmeidigkeit, die auf den ersten Blick fast träge anmutet – all das dient nur dazu, ihn als das Individuum auszuzeichnen, das er ist. Im Gegensatz zum Seßhaften trägt der Nomade seine ganze Welt in sich. Um sich selbst zu definieren, ist er nicht auf äußere Bedingungen angewiesen. Seine Welt ist nahezu frei von visuellen Kultbildern, und die wenigen, die es gibt, sind stark stilisierte oder abstrakte Darstellungen.

Kleidung gehört ebensowenig zur notwendigen Ausrüstung des Schwarzaustraliers. Es ist eine weitverbreitete Annahme, daß Australien entweder so warm ist oder daß die Aborigines so abgehärtet sind, daß sie keinerlei Kleidung benötigen. Keines von beiden trifft zu. Die australischen Winter können sehr kalt sein, selbst in den Wüstenregionen. Das Bedürfnis, sich zu bekleiden, rührt häufig von dem Wunsch nach Privatsphäre her, vor allem bei seßhaften Völkern. Da ihr Raum so begrenzt ist, müssen sie sich hinter einem Schild aus Kleidung «verbergen», um diese Privatsphäre aufrechtzuerhalten. Religiöse und sexuelle Tabus werden ebenfalls durch das Tragen von Kleidung geschützt. Das Verbergen des nackten Körpers ist ein Schutzmechanismus des Inneren. Wohingegen der Aborigine, der seinen Körper bedeckt, die Beziehung zu seinem Land, zu seinem «Raum» zerstört, ihn sich entfremdet. Bezeichnend ist in dieser Hinsicht, wie Adam nach dem Verlust der Unschuld erkannte, daß er nackt war, und sich vor dem Angesicht Gottes versteckte.[3] Als er den Garten Eden verließ, trug er einen «Rock von Fellen», den Gott ihm gegeben hatte.

Dieses mangelnde Interesse der Aborigines an Kleidung steht für ein hohes Maß an Unbefangenheit. Seßhafte Völker, wie die ersten europäischen Eroberer des australischen Kontinents, sahen in dieser ursprünglichen «Unschuld» einen überdeutlichen Beweis für ihre Primitivität. Allein schon die Tatsache, daß die Aborigines unbekleidet umherzogen, ließ keine Achtung seitens der Europäer aufkommen. In ihren Augen waren sie mehr oder weniger noch immer Tiere, da sie nicht versucht hatten, sich von der Natur zu lösen. Für die Europäer war dieser Bruch zwischen Mensch und Natur nämlich der Inbegriff des zivilisierten Wesens. Je weiter sich der Mensch von seiner Ursprünglichkeit entfernte, desto schmerzlicher wurde er sich seiner Befangenheit bewußt. Diese Qualität der Verfeinerung, dieser fortschreitende Dandyismus der Europäer ist dafür verantwortlich, daß die Aborigines anfangs so ungestraft diskriminiert werden konnten. Kleidung, beziehungsweise das Fehlen derselben, wurde zu einem wichtigen Maßstab, denn daran konnte der Europäer die Persönlichkeit, den materiellen Status, den Beruf und sogar die Exzentrizität ablesen. Ein nackter Mensch war demnach eine Unperson, weil er sich weigerte, seinen Körper nach der gängigen Weise zu bedecken.

So ist es denn auch nicht verwunderlich, daß bei der Zusammentreibung der Aborigines in der zweiten Hälfte des 19. Jahrhundert als erstes darauf gedrängt wurde, daß sie sich bekleiden. Dies war der erste Schritt eines Programms, das sie seßhaft machen sollte. Durch die Bewußtmachung, daß der Körper nicht zur Natur gehörte, und die Unterweisung in der Kunst der Befangenheit hoffte man, die Aborigines zur Aufgabe ihres Nomadendaseins zu bewegen. Sie wurden auch davon abgehalten, auf «walkabout» zu gehen, und das nicht nur von Missionsgeistlichen, sondern auch von Viehzüchtern, die gelernt hatten, ihre Fähigkeiten als Viehhüter auszunutzen. Dem Viehzüchter wurde schnell klar, daß die Buschwanderungen höchst unwirtschaftlich waren und als kulturelle Aktivität unbedingt unterbunden werden mußten. Die Ausgabe von Kleidung, Decken, Mehl und Zucker war somit eine Grundvoraussetzung für das Vorhaben, die Nomaden seßhaft zu haben.

Eine solche Politik hatte sich schon bei den nordamerikanischen Indianern als überaus erfolgreich erwiesen. Zur Zeit der Indianerkriege wurden Stammesangehörige, die sich der einfallenden US-Armee ergaben, sofort ihrer traditionellen Kleidung beraubt und durften fortan nicht mehr in den runden Tipis leben. Statt dessen mußten sie europäische Kleidung tragen und in «quadratischen» Häusern wohnen, was unweigerlich das Ende ihres Nomadendaseins bedeutete. Angeblich standen diese quadratischen Wohngebäude in unmittelbarem Zusammenhang mit der Tuberkulose-Epidemie, der viele Prärie-Indianer nach ihrer Niederlage bei Wounded Knee im Jahre 1890 zum Opfer fielen. Was der australische Nomade an Kleidung oder Körperdekoration benötigte, entnahm er der Fülle seiner Selbst und seiner Umwelt. Für einen Krieger genügte als Ausrüstung ein Lendenschurz aus Lederschnur und Blättern, ein Armring aus geflochtenem Spaltrohr und ein Stirnband aus geflochtenem Haar, das als «Krone» diente. Seine knappe Bekleidung oder auch seine Waffen waren nicht sein wichtigstes Rüstzeug. Seine Vollkommenheit als Individuum und als Klanangehöriger zeigte sich in den totemischen Narben auf seinem Körper. An diesen rituellen Mustern erkannten ihn die übrigen Clanmitglieder. Und was vielleicht noch wichtiger ist, sie ordneten den Mann seinen totemischen Geistern zu. Seine Individualität wurde gänzlich von diesen «Zeichen» bestimmt, jedoch in einer Weise, die den «Zeichen» seines eigenen Territoriums Rechnung trug.

Bezeichnenderweise spiegelt sich in der Bekleidung der Aborgines, so spärlich sie auch sein mag, die ganze Schlichtheit der Landschaft wider. Denn ein Großteil des australischen Kontinents ist nicht gerade gesegnet mit üppiger Flora. Der Bestand an hohen Bäumen beschränkt sich auf die tropischen Enklaven. Über weite Strecken gibt es nur dichtverfilztes, undurchdringliches Stachelgestrüpp, Grassteppen und – wenn das Wetter gut ist – eine Fülle von heimischen Wildblumen. Diese Wildblumen, so exotisch sie sich auch in der ausgedörrten roten Erde der übrigen Landschaft ausnehmen, sind ebenso lebendig wie die Stammeszeichen auf der Brust eines Mannes. Selbst ein Wasserlauf in der Wüste, der die meiste Zeit des Jahres ausgetrocknet ist, «markiert» die Landschaft wie eine Narbe durch die Eukalyptusbäume entlang des Flußbettes.

Es ist in der Tat die rituelle Bekleidung, durch der der australische Ureinwohner kulturell integriert wird. Das Bemalen und Einritzen des Körpers spielt im gesellschaftlichen Leben eine zentrale Rolle. Das beginnt bereits gleich nach der Geburt, wenn die Neugeborenen weiß angemalt werden und diese Bemalung meist die ganze Stillzeit über beibehalten. Später wird der Körper zu einem wahrhaftigen Kultbild, wobei zeitweilige und bleibende Dekorationen rangliche Veränderungen des Individuums unter der Ägide der religiösen Zeremonie festhalten.[4]

In der Pubertät zum Beispiel wird das Mädchen rituell zur Frau «gemacht». Dazu gehören auch Körperbemalungen und spezielle Haarfrisuren. Das Mädchen begibt sich dann mit weiblichen Verwandten in einen abgelegenen Teil des Lagers, wo es über Menstruationstabus aufgeklärt wird und auch etwas über moralische und spirituelle Einstellungen des Clans erfährt. Festlich geschmückt wird es dann von den übrigen Clanangehörigen als erwachsene Frau begrüßt. Auf der Melville-Insel nahe Darwin bemalt der eigene Vater seine Tochter mit roter und gelber Farbe und frisiert ihr die Haare. Dazu bindet er die einzelnen Strähnen ihres Wuschelhaars um eine Krone aus Bambus, die mit platt geklopften und mit Bienenwachs versiegelten Hundeschwänzen verziert ist.[5]

Durch diese Körperdekorationen, die sozusagen eine sakrale «Kleidung» darstellen, verwandelt sich der Australier in ein lebendes Kultbild. Da die Muster im allgemeinen heiligen Ursprungs sind – überlieferte Darstellungen des einem Clan zugehörigen Territoriums und seiner Mythologie –, transzendieren sie die weltliche Form der bloßen Dekoration und werden zu Verkörperungen des als heilig erachteten Landes und der Geistwesen aus der Traumzeit, die dieses Land zum Leben erweckten. Die Muster sind das alleinige Eigentum der jeweiligen Clanmitglieder und werden in der Regel vom Vater auf den Sohn vererbt. Das ererbte Clanmuster ist für das Individuum von größter Bedeutung. Es wird in der Tat besonders verehrt, da es von der immerwährenden Lebensenergie der Geistwesen beseelt ist. Die in der Vergangenheit häufig praktizierte Blutrache war nicht selten das Ergebnis einer offen bekundeten Schmähung der Clanmuster oder gar des Diebstahls desselben. Überdies war das Clanmuster nicht allein nur das ererbte Eigentum der Lebenden. Der Schädel eines Toten spiegelte meist noch lange nach Beendigung der Bestattungsrituale die Motive seines Clans wider.

Die Dekoration des Körpers stellt für die Aborigines also eine wichtige Form der Bekleidung dar. Zum einen gibt sie Aufschluß über die Persönlichkeit eines Mannes (oder einer Frau) auf individueller wie auf kollektiver Ebene, zum anderen bekräftigt sie von neuem seine (oder ihre) Beziehung zum sakralen Charakter des Stammeslandes. In dieser Hinsicht werden die Dekorationen zu einer Verkörperung des Landes auf oder «in» dem Wesen jener Person. Das Land dient als Tarnung, wodurch die Vorstellung von Einheit verstärkt wird. So tarnen sich zum

Beispiel Känguruhjäger in Schlammzonen mit bläulicher Erde und in den Regionen, wo Lateritboden vorherrscht, mit rotem Ocker. Sie kleiden sich also nach dem Vorbild der Natur, um ihre Beute aufzuspüren. Selbst in Spielen findet das das Stammesterritorium häufig seinen Ausdruck. Die Janjula-Frauen aus dem Gulf Country vertreiben sich zum Beispiel die Zeit durch den geschickten Umgang mit Schnüren. Mit ihren Händen und sogar mit ihren Füßen können sie kunstvolle Muster knüpfen. Darunter sind auch Wiedergaben diverser Tiere und Gegenstände, die sie von ihren Wanderungen durch das Stammesland kennen. Würgadler, Fuchskusu und Eidechse tauchen immer wieder als Motiv bei den Janjula-Frauen auf. Für die Fertigung eines Dugongs sind manchmal zwei Frauen mit jeweils einem Stück Schnur erforderlich. Natürlich geben diese Bänderspiele nur die äußere Welt wieder, das heißt, die Welt, der sie auf ihren Streifzügen durch das Territorium begegnen.

Die einzigartige Fähigkeit der Aborigines, Raum als ein metaphysisches Gefüge darzustellen, zeigt sich auch in den Tanz-zeremonien. Naturvölker betrachten das Tanzen gewöhnlich nur unter seinem zeremoniellen und unterhaltsamen Aspekt. Totem- und Tänze des jeweiligen Clans oder Tänze, die das Traumzeitgeschehen nachahmen, Regentänze oder Tänze für einen erfolgreichen Jagdabschluß werden danach beurteilt, welche Geschichte sie darstellen wollen und wie wirkungsvoll sie letztendlich sind. Es kommt beim Tanzen aber noch ein anderer wichtiger Aspekt zum Tragen, und der erweist sich als räumliche Ausdrucksweise par excellence. Im Tanzen nämlich kann der australische Nomade die Begeisterung für seine Lebensweise am besten ausdrücken. Im Gegensatz zu seßhaften Völkern, die beim Tanzen den ganzen Körper, insbesondere Arme und Gesicht, einsetzen (wie bei den südostasiatischen Tänzen), gebraucht der Aborigine hauptsächlich seine Füße und Beine – genau die Gliedmaßen, die ihn durch sein Territorium tragen.

Der peitschende Rhythmus der auf den Boden stampfenden Füße ist bezeichnend für die tänzerischen Darbietungen der Aborigines. Die Beine stets angewinkelt, präsentiert sich der Tänzer dem Publikum in Kauerstellung, so als würde er sich in der Wildnis an ein Tier heranpirschen. Das rhythmische Hämmern auf den Boden hallt wie eine Trommel wider und bewirkt einen Dialog zwischen Erde und Tänzer. In einem zeremoniellen Rahmen versucht der Tänzer, von der Erde irgendein «Echo» zu empfangen als Bestätigung für die körperliche Artikulation des mythischen oder religiösen Themas, das er darzustellen versucht. Für den Beobachter wird der Tanz schon bald zu einem zeremoniellen Zusammenspiel von Tänzer und Erde. Durch dekorative Körperbemalung und Kopfschmuck wird die ohnehin schon bestehende Verbundenheit des Tänzers mit dem mythischen Stoff, geschaffen aus der Wildnis außerhalb des Kultplatzes, noch weiter verstärkt. Auf diese Weise wird die für den Seßhaften so abscheuliche Wildnis in die rituelle Welt des Nomaden hineingezogen und dort verherrlicht. Die sogenannte Wildnis der ursprünglichen Landschaft wird «passiviert» und avanciert durch die Ritualisierung zu einem aktiv Beteiligten am kosmischen Schauspiel, verkörpert durch den Tanz. An diesem Punkt wird der Tanz zu einer symbolischen Darstellung von Raum, genau des Raums, der die Aborigines geologisch wie anthropomorphisch vereinnahmt. Ein Gagadju-Stammesangehöriger, der seinen Blick über das Schwemmland in seinem Territorium schweifen ließ, formulierte es einmal so: «Diese Erde ist meine Mutter.»

In der Tat ist das Land für die umherziehenden Aborigines eine Art von Palimpsest. Auf seiner rauhen und zerfurchten Oberfläche kann er die großartigen Geschichten der Schöpfung, seiner Schöpfung, so niederschreiben, daß ihr Fortbestand gesichert ist. Das Wandern von einer heiligen Stätte zur anderen, der Vollzug von Ritualen, die sich über die Jahrtausende hinweg kaum verändert haben, all das sind an sich schon wichtige Aspekte eines metaphysischen Dialogs. Da die schwarzaustralische Kultur ohne schriftliche Überlieferung ist, stützt sich dieser Dialog auf den geistigen und imaginativen Kontakt mit sakralen Konstrukten in der Landschaft, die laut Tradition oder Stammesgesetz von der als *miwi* bezeichneten Lebenskraft beseelt sind. Die Sprache bedient sich naturgemäß einer symbolischen Ausdrucksweise, ist sozusagen mythische Berichterstattung. Die *miwi* einer heiligen Stätte offenbart sich dem Individuum, wenn es bereit ist für einen Akt der Kontemplation, das, was Cicero als *cognitio contemplatioque naturae* bezeichnete. Die Begegnung des Uraustraliers mit dem räumlichen Aspekt der Landschaft wird somit zu einem meditativen und weniger zu einem physischen Akt. Das Stammesland ist für ihn die absolute Verkörperung der Tradition.

Ähnlich klingen auch die Worte eines Juki-Zigeuners aus dem Vorderen Orient: «Unsere Tradition ist nicht archiviert oder dokumentiert. Tradition ist wie Quellwasser, das aus der Erde quillt und nie versiegt. Es ist keine abstrakte Lehre, es ist Achtung vor der Harmonie, die allen Dingen innewohnt. Tradition ist nicht der Schmetterling, den du getötet und hinter Glas gesetzt hast, sondern die lebendige Stimme des Lebens, die sich auf ewig öffnen und entfalten kann. Tradition heißt, nach Ganzheit zu streben und sich an Honig satt sehen. Die alten Quellen der Vergangenheit sind nicht versiegt, sie fließen unaufhörlich weiter in uns und nähren unsere heißen Sehnsüchte. Selbst die Wüstenrose gedeiht besser, wenn ihr besondere Aufmerksamkeit zuteil wird. Wir haben die Ehre, hier zu leben, wo die Tradition seit vielen Generationen gewachsen ist. Verläßt du diesen Ort, wirst du feststellen, daß er dir trotzdem treu bleibt.»[6]

Vergleichen wir das Gesagte mit den Schlußfolgerungen von Bill Neidjie, sind gewisse Ähnlichkeit nicht zu übersehen. «Wann dieses Gesetz seinen Anfang nahm? Ich weiß nicht, wieviele Jahrtausende das her ist. Die Europäer reden von 40 000 Jahren, ich persönlich glaube, es ist schon älter, weil... es heilig ist. Das Gestein bleibt, die Erde bleibt. Ich sterbe und lege meine Gebeine in eine Höhle oder in die Erde. Schon bald werden meine Knochen zu Erde... (sie werden) alle ein und dasselbe. Mein Geist kehrt zurück in mein Land. Wir benutzen immer das, was wir haben... alte Menschen und ich. Ich kümmere mich um mein Land, jetzt blühen wieder die Lilien. Lilien, Nüsse, Vögel, Fische... alles kehrt zurück. Wir müssen uns um alles kümmern, dürfen nichts vergeuden. Die Alten sagen: ‹Du mußt das Gesetz (die Tradition) einhalten.› ‹Wozu?›, fragte ich. ‹Daß wir sterben, ist nicht weiter schlimm, aber das Gesetz... muß eingehalten werden. Du darfst das Gesetz nicht brechen. Es muß fortbestehen.›»[7]

Diese Sichtweise findet sich bei allen Nomadenvölkern, ungeachtet ihrer Herkunft. Da den meisten die schriftliche Überlieferung fehlt, neigen die Menschen dazu, die Landschaft als Verkörperung des Heiligen Wortes zu sehen. Ihre spirituelle Botschaft kann der Nomade aber nur lesen, wenn er in regelmäßigen Abständen sein Stammesterritorium durchwandert, vergleichbar dem frommen Seßhaften, der sich beim Besuch einer Moschee oder Kirche strikt an die dort herrschende Ordnung hält.

Die Ehrfurcht der Aborigines vor dem Raum drückt sich weiterhin durch Musik und Gesang aus. Die Instrumente der Aborigines beschränken sich auf Bumerang, Klanghölzer und Didgeridu (Blasrohr). Alle diese Musikinstrumente werden aus Holz geschnitzt oder aus ausgehöhlten Stämmen angefertigt. Die Aborigines kennen weder Saiteninstrumente noch Trommeln oder Flöten. Der Tonumfang ihrer Instrumente ist ziemlich beschränkt und entspricht in etwa den Tönen ihres täglichen Umfelds. Die Natur, so scheint es, dient den Aborigines als Stimmgabel, wenn sie ein Lied singen oder ein Instrument spielen. An Schrillheit oder Mißklang, wie wir es von streitbareren Kulturen kennen, ist ihnen nicht im geringsten gelegen. Die Vorstellung von formalen Tonleitern ist ihnen fremd, doch das liegt nicht etwa daran, daß sie keine unterschiedlichen Tonhöhen erkennen können, sondern daran, daß der Gefühlsbereich, den sie in der Musik zum Ausdruck bringen wollen, wesentlich enger gefaßt ist. Mit der übermäßigen Gefühlsbetontheit, wie sie für die weltliche Musik im Westen bezeichnend ist, haben sie nichts im Sinn. Das Singen, ja sogar der Gesang als metaphysisches Gefüge, kommt nicht durch den einzelnen, sondern durch die Tradition zustande. Denn das aus der Traumzeit überlieferte Lied hat einen sakralen Charakter, unabhängig von denen, die es vortragen, und denen, die zuhören.

Die Wirklichkeit eines Liedes und seine Ausdrucksweise hängen daher eng zusammen. Die Lieder sind «im Besitz» verschiedener Lokalgruppen innerhalb eines Clans. Der Versuch, ein Lied zu stehlen, kommt einer Entweihung gleich und endet nicht selten mit Blutrache. Das Eigentum an einem Lied geht nämlich nur mit dem Tod auf einen jüngeren Bruder über oder wird bei der Geburt auf alle Neugeborenen einer bestimmten Lokalgruppe übertragen.[8]

Das Einstudieren eines Liedes ist eine formelle Angelegenheit und erfordert höchste Aufmerksamkeit, was Melodie, Rhythmus, musikalische Begleitung und Texte angeht. Diese Stufe ist jedoch nur der Anfang einer schrittweisen Enthüllung. Später folgen detaillierte Erklärungen zu den betreffenden Mythen, Texten, Kultobjekten und den dazugehörigen Ritualen. Der Unterricht wird normalerweise vom Eigentümer des Liederzyklus geleitet, der die Lieder entweder selbst vorträgt oder bei der Darbietung zum Mitmachen animiert.

Gesang wie Instrumente unterscheiden sich allerdings kaum hinsichtlich ihrer Wiedergabe. Bedingt durch die kontrastarme Akustik orientiert sich die Musik stark an der eintönigen, kaum aufgelockerten Topographie des Landes, vor allem im ariden Landesinneren. Die von den Klanghölzern erzeugten irdischen Töne (Unterholz, das unter den Füßen knackt; Buschfeuer, das über die Grassteppe zieht) verschmelzen mit den kehligen Lauten des Didgeridu. Der Klang dieses Blasrohres ist einzigartig unter den traditionellen Instrumenten. Seine klagenden, stark widerhallenden Töne scheinen aus der Tiefe der Erde hervorzudringen, so als würde die Regenbogenschlange daraus emporsteigen. Das Didgeridu belebt die Musik der Aborigines mit der Symbolik der Höhlen, mit Felsspalten, in denen sich der Wind fängt, mit Tieren, die in ihrem Bau träumen, mit dem lautlosen Geräusch der Ameisen in ihren Nestern, ließe es sich ausreichend verstärken, damit es für das menschliche Ohr hörbar wäre. Das Didgeridu ist wahrlich ein chthonisches Instrument, denn es holt seine Töne aus einer Tiefe, wo der wahre Ursprung aller Musik nur widerhallt.

Interessant ist die Feststellung, daß bei den Pintupi in Zentralaustralien die Melodie eines Liedes als der «Duft» (*mayu*) oder der «Geschmack» (*ngurru*) bezeichnet wird. Beide Worte lassen auf eine gegenständliche Vorstellung von Musik schließen, so als hätte sie eine eigene körperliche Ausstrahlung. Die Vorstellung, daß ein Lied einen eigenen Körper besitzt, wird noch verstärkt durch die Tatsache, daß wie bei der Körperbemalung jeder Abschnitt eines Liederzyklus zu einer bestimmten Person gehört, während der gesamte Liederzyklus zu einem Clan oder einer Lokalgruppe gehört. Für die «Identität» eines Liederzyklus ist es also unerläßlich, daß er von der gesamten Gruppe oder an diversen heiligen Stätten im Stammesterritorium der jeweiligen Besitzer vorgetragen wird. Das Land selbst hat den Gesang hervorgebracht und deshalb kann er auch nicht in Vergessenheit geraten. Wird eine Strophe aus irgendeinem Grund ausgelassen, nennt man dies *piititjunanyi*, im Lied «eine Lücke lassen» – ein weiterer Hinweis darauf, daß das Lied nicht nur der Vorstellung entspringt, sondern etwas «Geschaffenes» ist.

Der Wandertrieb des australischen Nomaden (sei es aus Gründen der Nahrungssuche oder zu rituellen Zwecken) bedingt natürlich eine Lebensweise, die auf ein Minimum reduziert ist. Alles, was er besitzt – seine festen Überzeugungen, die Methoden und Symbole, durch die er diesen Ausdruck verleiht – trägt er mit sich herum, aber nicht als Artefakte, sondern als Vorstellungen. In diesem Sinne ist der australische Nomade der absolute Intellektuelle. Er hat es nicht nötig, den Inhalt seiner Gedanken in bleibender Form «niederzuschreiben», denn das Aufzeichnen als solches beeinträchtigt bereits den geistigen Kontakt zu der Materie, die seine metaphysische und kulturelle Identität darstellt. Das ist mit ein Grund, warum so vieles esoterischen Charakter hat, das heißt, nur Eingeweihten zugänglich ist, die die tiefere Bedeutung erfahren haben und die Bildhaftigkeit des Landes, das sie als Nomaden durchstreifen, wirklich begreifen. Der Aborigine ist sich nämlich genauestens bewußt, wie sehr sein Seelenleben gefährdet ist. Er weiß, daß die esoterischen Wahrheiten, die Grundlage allen Wissens über die Traumzeit, schon bald zu Märchen verkommen und somit zum Allgemeingut werden, wenn sie einem größeren Kreis von Nichteingeweihten zugänglich gemacht werden. Sicher, auch für Märchen ist Platz in seiner Welt, allerdings nicht auf Kosten des heiligen Gesetzes, das seinen spirituellen und geistigen Wesenskern verkörpert. Ohne dieses Gesetz sähe er keinen Grund für die rituellen Wanderungen durch Raum und Zeit.

Alles im Stammesterritorium zeugt von der tiefen Verbundenheit des Menschen mit dem Reich der Traumzeit. Wenn er einen *wantji-wantji* oder «Reisetanz» aufführt, wird er sogleich in einen Zustand versetzt, in dem die ganze Welt mit ihm kommunizieren kann. Wenn er ein *tulku* singt, erreichen ihn mystische Botschaften aus seiner Umwelt. So konnte der Tjapangata-Clan nach der Rückkehr zweier Stammesangehöriger von einer Traumreise in ferne Gefilde denn auch singen: «Die beiden Männer sahen einen Würgadler am Himmel kreisen, der zu ihnen sprach.» Diese Clanmitglieder beriefen sich auf ein Mysterium im Zusammenhang mit einem alten Mythos – ein Mythos, der sich mit dem Raum wie auch mit unterschiedlichen Ebenen der metaphysischen Wahrheit befaßt. Der Würgadler beziehungsweise die ganze Welt wird dabei zum Avatar, zum Engel.

Die Vorstellung von der Erde als Engel ist schon sehr alt. Im Parismus und Mazdaismus finden sich Texte über eine Liturgiefeier «zu Ehren der Erde, die ein Engel ist»[9]. Zu einem späteren Zeitpunkt beschrieb der deutsche Naturforscher und Philosoph Gustav Theodor Fechner ein Erlebnis, das einen ähnlichen Einblick gewährt: «An einem schönen Frühlingsmorgen ging ich an der frischen Luft spazieren. Grünender Weizen, zwitschernde Vögel, glitzernder Tau, in den Himmel aufsteigender Rauch, und über allem lag ein verklärendes Licht. Dies war nur ein winziger Bruchteil der Erde... und doch hatte ich die so großartige, so wahre und so deutliche Vorstellung, daß sie ein Engel war – ein Engel, so üppig, so frisch wie eine Blume und gleichzeitig so fest und so geordnet, wie er *durch die Lüfte schwebte* (Hervorhebung von mir)... daß ich mich fragte, wie denn eine solche Verblendung der Menschen möglich sei, daß sie die Erde nur noch als trockenen Klumpen sehen und über sich oder irgendwo droben im Himmel nach den Engeln suchen, sie aber nirgends finden.»[10] Und wehmütig fügt er noch hinzu, ein solches Erlebnis würde heutzutage als imaginär abgetan, trotzdem es da die Tjapangata-Clanmitglieder gibt, die nach eigener Aussage mit dem Engel in der Gestalt eines Würgadlers «gesprochen» haben.

Corbin selbst schlägt ein neues Studienfach vor, das er als *psychologische Geographie* bezeichnet. Es soll seiner Meinung nach die psychologischen Faktoren herausfinden, die bei der Gestaltung einer Landschaft ins Spiel kommen. Bei dieser Art von Studien muß davon ausgegangen werden, daß die grundlegenden Funktionen der Seele (*Psyche*) eine natürliche Beschaffenheit (*Physis*) einschließen. Umgekehrt offenbart jede physische Struktur die Art der psycho-spirituellen Aktivität, die sie in Gang setzt. Die psychologische Geographie setzt da an, wo der Aborigine das Land als Erweiterung seines spirituellen Lebens wahrnimmt, wo es um die «Kategorien der Heiligkeit» geht, die nicht nur von seiner Seele Besitz ergreifen, sondern auch in seinem Umfeld erkennbar sind. Die geologischen Formen und der Lebensraum in dieser Region werden dann für ihn zur projizierten Vision einer idealen Abbildung. Er nimmt sein Umfeld als Vorlage für seine Vision von der paradiesischen Landschaft – mit anderen Worten von der Traumzeit. Durch die geistige Rekonstruktion der Traumzeit in Form von heiligen Stätten und der dazugehörigen Mythologie ist es ihm möglich, Kontakt zu halten mit dem Engel, mit den Geistwesen und seinen Ahnen und mit den Avatars in der Gestalt von Würgadlern, die im Fluge auf ihn herabschauen.[11] Diese Art der Erkundigung entspricht der inneren Landschaft, die sich der australische Nomade bewahrt. Anders als der Seßhafte, der sein inneres Leben auf die von ihm erschaffene Welt projiziert, genügt es dem Nomaden, sich seine Spiritualität mittels diverser Gedächtnisstützen und ritualistischer Hilfsmittel *vorzustellen*. Sein Körper trägt die heiligen Ideogramme; seine Musik und sein Gesang rufen seine mythische Herkunft wach; sein Land verkörpert die phantastischen Formen seiner inneren Welt. Zusammen bilden sie eine perfekte «Hierophanie» und daraus formt sich die zutiefst spirituelle Wirklichkeit des schwarzaustralischen Nomaden. Zitieren wir dazu noch einmal Bill Neidjie: «Diese Geschichte ist bedeutsam. Sie wird sich nie verändern, denn sie ist ewiges Gesetz. Es ist wie mit dieser Erde, sie wird sich nie fortbewegen. Boden und Gestein... können sich nicht bewegen. Die Höhle... rührt sich nicht von der Stelle. Niemand kann diese Höhle verrücken wegen dieses *Traumes* (Hervorhebung von mir). Es ist Geschichte, es ist Gesetz. Dieses Gesetz... dieses Land... dieses Volk... Egal welches Volk... ob rot, gelb, schwarz oder weiß... in allen fließt dasselbe Blut. Verschiedene Sprachen, aber das macht nichts. Land... du an einem anderen Ort, doch dasselbe Gefühl. Blut, Knochen, alles dasselbe. Diese Geschichte ist eine wahre Geschichte.»

Diese wechselseitige Beziehung zwischen Mensch und Natur, zwischen der Notwendigkeit, das Land zu durchwandern auf der Suche nach spiritueller Erfüllung, und dem Bestreben, diese Pilgerfahrt kulturell zu formen, ist das, was dem australischen Glauben zugrunde liegt. Trotz seiner spärlichen Bekleidung, trotz dem wenigen, was er besitzt, auf Gedeih und Verderb einem rauhen Klima ausgeliefert, war der australische Ureinwohner doch immer in der Lage, sich vor Seelenängsten und dem Trauma absoluter Isolation zu schützen. Das konnte er nur, weil er trotz der Einöde, die ihn umgab, in einer reichen Vorstellungswelt lebte. Das natürliche Vertrauen in seine Umwelt wurde nie enttäuscht. Es gab also keinen Grund, das Bündnis mit der Natur zu lösen. Infolgedessen war immer ein Dialog mit seinem Land möglich, und zwar über die Syntax des unbegrenzten Raums, durch den er wanderte.

1 Douglas Halebi, *The World of the Juki*, Studies in Comparative Religion, 1983.
2 Big Bill Neidjie, *Kakadu Man*, Darwin 1987.
3 1. Mose 3.10.: Und er sprach: Ich hörte dich im Garten und fürchtete mich; denn ich bin nackt, darum versteckte ich mich.
4 Robert Brain, *The Decorated Body*, 1979.
5 Ebenda.
6 Ebenda.
7 Ebenda.
8 Richard M. Moyle, *Songs of the Pintupi*, 1979.
9 Henry Corbin, *Spiritual Body and Celestial Earth*, S. 3ff, 1977.
10 Zitiert von Corbin in seinen Anmerkungen, S. 271ff.
11 Ebenda. S. 30–31.

KAPITEL 7

Die Welt der Totems

Die Aborigines glauben, daß der Mensch von einem Traumzeitwesen abstammt. Ins Leben gebracht wird er als eine «primitivere» Lebensform, der er jedoch sein Leben lang zu Treue verpflichtet ist. Der Mensch ist gewissermaßen unvollständig, führt er doch ein Schattendasein in den stygischen Gefilden der Traumzeit. Bis er von dem Himmelheroen Numbakulla (wie er bei den Aranda heißt), der seinen Ursprung in sich selbst hat, in einen richtigen Menschen verwandelt wird, ist er dazu verdammt, das Leben eines *inapertwa* zu führen. das heißt, er besitzt weder Gliedmaßen noch Sinne, ist unfähig zu essen und gefangen in einer Vorform des Menschen, in der Gliedmaßen und Rumpf kaum voneinander zu unterscheiden sind. Dieser Zustand der Gestaltlosigkeit, in dem der Mensch kaum mehr als ein kleiner roter Kiesel ist, heißt bei den Aranda *kuruna* und bezeichnet die präexistente Form des Menschen, seinen Archetypus.[1]

Sein Geist hingegen offenbart sich nicht zwangsläufig in einem präexistenten Schönheitsideal, sondern erscheint als Zwischenstadium im Leben. Somit verkörpert der Mensch die Transformation von einer einfacheren, weniger komplizierten Daseinsform in den Zustand der Vollständigkeit. Er stammt aus der Natur, sei es Tier, Pflanze, Gegenstand, Wasser, Feuer, Wind, Wolken oder Sterne. Sein Ursprung ist gewissermaßen genauso vielfältig wie die Erscheinungsformen der Natur auf Erden. In der Tat sieht sich der Schwarzaustralier als Apotheose der Natur, als lebendige Präfiguration eines Vorfahren, der jetzt in der Traumzeit lebt.

Aus diesem Grund identifizieren sich Aborigines mit Totems. Denn ein Totem ist eine Verkörperung des Individiums im Urzustand, das heißt, bevor es in diese Welt geboren wurde. Das Totem symbolisiert also den präexistenten Zustand eines Eingeborenen, seine Verbindung zur Traumzeit. Ohne das Totem kann er sich nicht mit seinem Urzustand oder seiner metaphysischen Rolle identifizieren, denn sein Kontakt zur Traumzeit wäre völlig abgebrochen. Das Totem ist ein sakrales Bindeglied zwischen Mensch und Traumzeit, zwischen seiner Inkarnation als leibliches Wesen und den Himmelsheroen, die ihn erschaffen haben. Mit dem Abbruch dieser Beziehung würde der Geist eines Menschen und letzten Endes auch sein Lebenswillen zerstört. Es ist praktisch unmöglich, daß ein Aborigine sein Totem «verliert», außer durch Kulturverfall wie im Falle so vieler Aborigines, die in Städten leben und nicht das Glück hatten, in ein totemistisches Umfeld hineingeboren zu werden.

Ein Totem zu besitzen oder an einer bestimmten Totemstätte empfangen worden zu sein, kommt einer Taufe gleich. Ein Mensch wird zum Beispiel in das Witchitilarven- oder Emu-Totem «hineingeboren», sobald seine Mutter die Empfängnis innerhalb dieses totemistischen Umfelds bestätigt. Selbst wenn sie sich einem anderen Totem verbunden fühlt, muß sie doch den Ort anerkennen, wo das Geistkind oder *kuruna* in ihren Schoß eindrang. Von dem Augenblick an ist das ungeborene Kind ein Embryo eines Ahnen, der sich von einem halbfertigen Menschen – *inapertwa* – in einen göttlichen Menschen verwandelt. Die Offenbarung, durch das Geistkind direkt mit seinen Ahnen der Traumzeit eng verbunden zu sein, ist für einen Aborigine weit wichtiger als der Zufall biologischer Herkunft. Ein Mensch wird nicht einfach so von einer Frau empfangen; dazu bedarf es eines bewußten Schöpfungsakts der Himmelsheroen. Ihre Empfängnis resultiert aus dem Bestreben dieser mächtigen Vorfahren, ein noch vollständigeres Geistwesen in die Welt zu setzen.

Sobald der göttliche Ursprung eines Menschen totemistisch feststeht, muß er sein «Alter ego» verehren, solange er lebt. Er «ist» ein Seeadler oder ein Dingo, Feuer oder ein Krokodil geradeso wie er ein Mensch ist. Die zwei Daseinsformen sind austauschbar, weil es keinen logischen Bruch zwischen beiden gibt. Ein Aborigine formulierte es einmal folgendermaßen: «Seeadler und ich, wir ein Körper.»[2] Damit wollte uns dieser Mann begreiflich machen, daß er und der riesige Raubvogel wesensverwandt sind. Seine Verkörperung als menschliches Wesen überschnitt sich mit der des betreffenden Vogels. Ein anderer Mann merkte dazu folgendes an: «Dort ist dein Träumen (das heißt, dein Totem). Es ist etwas Besonderes. Du wirst es nie loslassen. Alles Träumen (alle Totems) kommt von dort. Dort ist dein Geist.»[3] Hier geht es dem Mann darum, uns den göttlichen Ursprung seiner Person im Reich des Irrationalen – in der Traumzeit – aufzuzeigen.

Bedingt durch diese Totemzugehörigkeit muß ein australischer Ureinwohner die Beziehung zu seinem Totem immer wieder aufs neue durch bestimmte Kulthandlungen oder durch Einhaltung von Tabus vertiefen. Wenn sein Totem zufällig als Nahrung dient, so wird er, wenn überhaupt, nur ganz wenig davon essen. Und dann ißt er auch nicht die besten Teile, sondern nur das Fett. Denn würde er «sich selbst essen», käme dies einem Aufgehen in sich selbst gleich, was ihm aus ritueller – und wohl mehr noch aus psychologischer – Sicht absolut zuwider ist. Das Verhältnis zwischen einem Schwarzaustralier und seinem Totem wird demnach von absoluter Identifikation bestimmt. Er geht eine Beziehung ein, die nicht nur lebenslang, sondern lebenspendend ist. Die Totemzugehörigkeit eines Menschen bestimmt über die rituelle Anerkennung dessen, was schließlich seine einmalige Identität auf Erden ausmacht. Wohl wissend, daß ihm sein Totem von den Ahnen zugeteilt worden ist, kann ein Aborigine seinem totemistischen Umfeld, in das er hineingeboren wurde, niemals entfliehen und will es auch nicht. Sein spiritueller Lebensraum, auch häufig als sein «Land» bezeichnet, wird nämlich weitgehend vom Ort seiner Empfängnis bestimmt, das heißt, wo die Lebenskraft *kuruna* in den Schoß seiner Mutter eingedrungen ist. Deshalb wird er auch im Land seines Totems seinen eigenen Ausgangspunkt sehen. Und sein Totem wird wie eine Ikone vor seinem Bewußtsein schweben, ein Objekt der Verehrung, das nichts von seiner Würde einbüßt, nur weil es mit anderen geteilt wird. In der Tat, wenn ein Mann feststellt, daß ein anderer demselben Totem angehört, dann werden diese Männer automatisch Brüder. In diesem Sinne wird das Totem zu einem «Zeichen der Einheit zwischen Dingen oder Personen, *die durch etwas anderes geeint sind.*»[4]

An dieser Stelle beginnt sich eine metaphysische Dimension abzuzeichnen, die nicht länger nur abstrakt ist. Durch die Identifizierung mit einem Totem werden die unterschiedlichsten Gefühle geweckt, geschichtlicher wie mystischer Art. Geschichtlich sind sie, indem sie Erinnerungen an die Empfängnis wecken; mystisch insofern, als sie ein tieferes Bedürfnis nach Einheit mit dem Totem hervorrufen. Das Totem ist ein Schlüssel, mit dem sich das Tor zur Traumzeit öffnen läßt. Die Männer mögen zwar über die Traumzeit reden, sie mögen Rituale vollziehen zum Beweis ihrer Existenz als «Anderswelt», doch wirklich erfahrbar ist diese mystische Einheit mit der Traumzeit nur über das Totem.

Diese Bindung von Mensch und Totem oder von Mensch und Traumzeitahne bezieht sich allerdings nicht nur auf eine geistige Vorstellung. Es gibt dazu ein physisches Gegenstück, das ebenfalls das Numen verkörpert. Nach der mythologischen Überlieferung wanderten die Himmelsheroen in der Traumzeit als Totemahnen auf der Erde umher und gaben ihr Konturen. Alle diese Geistwesen trugen heilige Steine bei sich, die mit *kuruna,* dem Geistanteil des Individuums, in Verbindung standen und von den Aranda als *churinga* bezeichnet wurden. Diese churinga oder Tjurungas waren gewissermaßen ein materieller Überrest von den unsterblichen Seelen der Himmelsheroen und als solche wurden sie zu sakralen Gegenständen, die geschützt werden mußten.

Während ihres schöpferischen Wirkens machten sie an verschiedenen Orten Rast, aus denen im nachhinein Totemstätten oder *knanikilla* wurden. Häufig kam es vor, daß ein Totemahne wieder im Erdboden verschwand oder gar sterben mußte. Solche Orte wurden dann für die nachfolgenden Generationen der Aborigines zu bedeutenden Kultstätten. Diese sakralen Orte waren nur den Stammesältesten bekannt, denn dort lagen – gut versteckt – die Tjurungas der diversen Himmelsheroen zum Beweis, daß sie in der Traumzeit hier gewirkt hatten. Diese Tjurungas wurden in sakralen Lagern, sogenannten *pertalchera,* aufbewahrt, die meist die Form von Höhlen, Erdspalten oder ausgehöhlten Bäumen hatten. Hier wurde dann das mit einem Tjurunga in Verbindung stehende Geistkind als lebendiges Andenken an die zeitlose Gegenwart der Himmelsheroen verwahrt. Wie die Reliquien von Heiligen sind auch Tjurungas Kultobjekte, Ziel von Pilgerreisen und Voraussetzung für wichtige Kulthandlungen. Es gibt spezielle Tjurungas der Himmelsheroen, die von «göttlicher Hand» geschaffen wurden. Diese Steinreliefs lagern seit Anbeginn der Zeit in den Totemstätten und sind infolgedessen von der göttlichen Kraft *djang* durchdrungen. Der Umgang mit diesen sakralen Gegenständen ist nur den ältesten einer bestimmten Totemgruppe erlaubt. Frauen und Nichteingeweihte dürfen sie nie zu Gesicht bekommen. Es hat den Anschein, als stellten diese Tjurungas eine direkte Verbindung zur Traumzeit dar. Der Umgang damit, das heißt, das Darüberreiben mit dem Finger während eines Liederzyklus oder einer Zeremonie versetzt einen Mann in die Lage, den Geist des Himmelsheroen mit einer solchen Intension anzurufen, daß seine Präsenz von den Umstehenden «real» wahrgenommen wird.

Außerdem besitzt jeder noch einen persönlichen Tjurunga. In vielen Teilen Australien ist es Brauch, daß der Großvater väterlicherseits eines Neugeborenen in den Busch hinausgeht und da, wo sich die dem kindlichen Totem zugehörige Totemstätte befindet, einen Tjurunga aus dem Holz eines dort wachsenden Baumes anfertigt. Ein solcher Tjurunga ist allerdings nicht von der *kuruna* des Himmelsheroen beseelt. Er soll das Kind lediglich an den Original-Tjurunga aus Stein an der Totemstätte erinnern. Sein persönlicher Tjurunga ist zwar nur ein schwacher Abglanz vom originalen Tjurunga aus der Hand des Himmelsheroen, aber er hat trotzdem eine direkte Verbindung zur Traumzeit. Nach der Beschneidung geht er endgültig in den Besitz des Knaben über. Bei der ersten Berührung des Kultobjektes kommt er mit der numinosen Kraft der Traumzeit in Kontakt. Nun ist er über seinen Tjurunga (der ja seinen Totem verkörpert) mit dem ursprünglichen Augenblick der Schöpfung verbunden und teilt die Kontinuität und Ordnung der Traumzeit, insoweit er jetzt seine soziale Rolle transzendiert, um sein göttliches Wesen anzuerkennen. Der Tjurunga wird, um es mit den Worten Plotins zu sagen, zu einem Zeichen, «daß jedes Bild dort oben Weisheit und Wissenschaft ist und zugleich deren Voraussetzung, daß es in einem einzigen Akt verstanden wird»[5].

Im Laufe der Zeit verwächst ein persönlicher Tjurunga zu einer so innigen Gemeinschaft mit dem Individuum, daß er schließlich selbst eine Art *djang* entwickelt. Diese Kraft geht aber in der Regel vom jeweiligen Besitzer aus, besonders nach dessen Tod, und nicht von Himmelswesen oder Totem, das sie verkörpert. Dadurch kann ein persönlicher Tjurunga seinen Besitzer oder auch einen späteren mit den Qualitäten und Eigenschaften seines ursprünglichen Besitzers ausstatten. Mit der Zeit bekommt das Kultobjekt etwas vom archetypischen *djang* der Traumzeitahnen, obwohl es über den persönlichen Rahmen des ehemaligen Besitzers nicht hinausgeht.

Die Zugehörigkeit zu einem bestimmten Totem stellt für den Schwarzaustralier eine Art spirituelles Wappen dar. Er kann den Verflechtungen, die sich aus seiner Totemzugehörigkeit ergeben, aufgrund der an ihn gestellten Forderungen nicht entgehen. Das Totem gibt dem Mann seine Identität, nicht nur in persönlicher, sondern auch in transzendenter Hinsicht. Als der Himmelsheros Numbakulla die ersten Tjurungas anfertigte, gab er sich große Mühe, damit sie mit den Archetypen genau übereinstimmten. Indem er die Orginal-Tjurungas halbierte, erhielt er Tjurunga-Paare, beseelt vom Geist des Männlichen und des Weiblichen. Dabei wurde der Welt ein Zustand der Dualität aufgezwungen, der symbolisch nur dann aufgehoben werden konnte, wenn die beiden Hälften eines Tjurunga miteinander verbunden wurden. Die Kluft zwischen der Traumzeit und der Erscheinungswelt konnte also derart überwunden werden, daß zumindest noch die Erinnerung an den Urzustand der Welt zurückblieb.

Entsprechend seinem sakralen Charakter und seiner esoterischen Bedeutung hat der Kultgegenstand einen als *aritna churinga* bezeichneten Geheimnamen, den ihm das Himmelswesen Numbakulla verliehen hat. Als diese ersten Tjurungas zahlreiche *kurunas* oder Geister hervorbrachten, aus denen wiederum Frauen und Männer geboren wurden, gingen diese Geheimnamen auf die Menschen des jeweiligen Totems über. Daher besitzt ein Mann oder eine Frau neben seinem oder ihrem «Familiennamen» noch einen spirituellen Namen. Der *aritna churinga* bezeichnet die Person als das, was sie wirklich ist: als spirituelles Wesen, eingewoben in das zeitlose Netz des Träumens, das die Himmelsheroen über die sterbliche Hülle geworfen haben.

Aus dem oben Gesagten geht deutlich hervor, daß das Totem und seine Verbindung zu den Tjurungas aus der Traumzeit fest im Glauben der

Aborigines verankert sind. Über sein Totem kann der Aborigine seine Beziehung zu den sogenannten Traumzeitahnen erkennen. Das Vorhandensein von geheiligten Gegenständen, die gewissermaßen treuhänderisch in der Landschaft verwaltet werden, ist ebenfalls ein Beweis für die spirituelle Herkunft aus der Traumzeit. Die Aborigines suchen das Wissen und den Kontakt zu ihren Traumzeitahnen. Sie sehnen sich danach, gewisse numinose Geheimnisse im Zusammenhang mit ihrer Herkunft zu enthüllen, selbst wenn es dazu der aktiven und traditionellen Unterstützung der Symbolik bedarf. Wie heißt es bei Plotin: «Alles ist voll von Symbolen; der Weise ist jemand, der in jedem Ding ein weiteres erkennen kann».[6] In diesem Fall wird der Tjurunga zum aktiven Symbol, zum Träger des Numens.

Wir erkennen darin das permanente Streben der Aborigines, mit der Traumzeit in Kontakt zu bleiben. Fest steht, daß die Kultur der Schwarzaustralier stark theokratisch ausgerichtet ist und sich nur selten auf weltliche Aktivitäten verlegt, es sei denn, es betrifft die wirklich grundlegende, praktische Ebene. Doch gerade diese theozentrische Weltanschauung, bei der das Lobpreisen im Vordergrund steht, ist die größte Konfrontation für den abendländischen Geist. Dem modernen Menschen fällt es schwer, eine Kultur zu verstehen, die sich auf Kosten von materiellem «Wohl» primär an einem metaphysischen Pol orientiert. Der abendländische Geist erliegt hier der Täuschung, daß «gewöhnliche» menschliche Erfahrung im Grunde nichts für Theokratie übrig hat. Der moderne Mensch kann nicht begreifen, wieviel Freude und allgemeines Wohl durch die bloße Verherrlichung der Beziehung zwischen Schwarzaustralier und Traumzeit über ein Land kommt. Im Koran steht dazu folgendes geschrieben: «Es preisen Ihn die sieben Himmel und die Erde und wer darinnen. Und kein Ding ist, das Ihn nicht lobpreist.»[7]

Das Totem und sein dazugehöriger Tjurunga sind somit mächtige Andenken an die allgegenwärtige Göttlichkeit der Traumzeit. Ja, das Land selbst ist ein gewaltiger Tjurunga, der «sie lobpreist» in den Augen der Aborigines. Eine solche Vorstellung liegt der religiösen Verehrung des Landes zugrunde. Gängige Klischees wie «die Erde ist meine Mutter» verstärken nur, was jeder Aborigine im Grunde seines Herzens ohnehin schon weiß und für wahr erachtet: daß die Welt unten einen Idealzustand oben wiedergibt. Der Punkt aber, worin sich die Sichtweise der Aborigines von vielen anderen Naturvölkern unterscheidet, ist der, daß das Träumen eine zeitlose Realität darstellt, die bereits hier auf Erden erreicht, ja erfahren werden kann. Mythen und Rituale sind dabei nur Begleiterscheinungen. Der eigentliche Zugang erfolgt über die Transformation des Individuums, eine Transformation, die nur dann erfolgen kann, wenn ein Mensch zu hieratischer Würde gelangt.

In diesem Sinne deutet der Tjurunga und das Totem, das er verkörpert, auf eine paradiesische Landschaft hin, die die Zoroastrier das «Land Xvarnah» nannten. Dies ist ein Land, in dem jenes glorreiche Licht der Seele alles verklärt. Als Nomadenvolk sind die Aborigines gezwungen, ihre inneren Überzeugungen weitgehend auf ihr Stammesterritorium zu projizieren, da sie keine Gebäude errichten können, die ihre metaphysischen Ideale widerspiegeln. Die Erde wird die Manifestation einer Vision, einer visionären Geographie[8], in der die Seele über Symbole und Rituale Kontakt mit dem Schöpfer aufnehmen kann. Das wiederum bedeutet, daß der Stammespriester der Aborigines die Traumzeit hier auf Erden geistig rekonstruieren muß, wenn er eine Bewußtseinsebene erreichen will, die ihm Zugang zum Träumen gewährt. Das ist auch ein Grund dafür, warum die Bodenbilder der Aborigines, insbesondere die in Zentralaustralien, so wenig Ähnlichkeit haben mit den natürlichen Gegebenheiten der Landschaft. Denn der Maler, der «sein» Land bzw. sein Träumen aufmalt, gibt keineswegs eine physische Landschaft wieder. Er malt eine visionäre Landschaft, die sich nicht nur mit seinem Tjurunga oder Totem deckt, sondern auch mit der Vorstellung, die ihm seine Vorfahren mit dem Tjurunga über die Traumzeitlandschaft vermittelt haben. Der Verfasser eines wissenschaftlichen Kommentars formulierte es einmal so: «Die Pilger des Geistes betrachten die Welt und finden darin alles, was sie begehren.»[9] Der Schwarzaustralier ist also in der Lage, eine visionäre Landschaft nach außen zu projizieren und stillt damit seine Sehnsucht nach Identifikation mit den Himmelsheroen und seinen Ahnen.

Das soll aber nicht heißen, daß die Aborigines die Himmelsheroen als göttliche Emanation eines Hochgottes sehen. Aber ohne Frage hatten die Himmelsheroen in ihren Augen die Funktion eines Avatar, als sie vom Himmel auf die Erde herabstiegen und der Welt ihre heutige Gestalt gaben. Natürlich fühlen sich die Aborigines den Himmelsheroen für ihr schöpferisches Wirken verbunden und betrachten sie als wahre Schöpferwesen, selbst wenn göttliche Attribute bewußt nicht erwähnt werden. Die Himmelsheroen sind schlicht und einfach Geistwesen, die sich zu einem Punkt jenseits der Zeit in die Traumzeit zurückgezogen haben, und dies wird als übernatürliches Ereignis akzeptiert. Trotz eines solchen Rückzugs haben diese Geistwesen ein Recht auf Verehrung. Aufgrund ihres Ranges in der Hierarchie der Schöpfung müssen sie sogar verehrt werden.

Natürlich ist die Begegnung mit seinem Totem in der Gestalt des Tjurungas eine wichtige Offenbarung für einen Eingeborenen, denn er erfährt dabei einiges über seine Beziehung zur Traumzeit und über sein spirituelles Schicksal in der Welt. In einer Kultur wie der ihren, die auf mündlicher Überlieferung beruht, fungiert ein Tjurunga eindeutig als «Text», auf den man sich jederzeit berufen kann. Beim Berühren eines Tjurungas während der Zeremonien, beim Rezitieren der Traumzeitlieder, wird dieses Kultobjekt ähnlich wie der Rosenkranz zu einer echten Meditationshilfe. Da die Aborigines wie so viele andere Naturvölker darauf angewiesen sind, ihren eigenen spirituellen Zustand über reale Gegenstände zum Ausdruck zu bringen, muß im Tjurunga ein überaus wichtiges Kultobjekt gesehen werden. Wie Mohammeds Zahn oder ein Stück vom heiligen Kreuz ist ein Tjurunga eine Reliquie im wahrsten Sinne des Wortes, denn er ist durchdrungen von einer Metageschichte, die alle anderen persönlichen oder mythischen Daten bei weitem übertrifft.

Diese Beziehung ist alles andere als statisch. Wer den Tjurunga (und damit auch das Totem eines Menschen) für einen Fetisch hält, unfähig, irgendeine Veränderung im Individuum widerzuspiegeln, spricht dem Schwarzaustralier auch jegliche Fähigkeit zu einer spirituellen Entwicklung ab. Dies ist die Art von Kritik, die sich alle Naturvölker lange haben gefallen lassen müssen, und das nur, weil ihre Glaubensvorstellungen logischen Untersuchungen trotzen. Speziell die Religion der Aborigines ist in ihrem Wesen chthonisch und geht somit auf eine andere Verstandesquelle zurück als die großen Weltreligionen. Das heißt aber nicht, daß sie nicht im Besitz der «metaphysischen Gabe» ist, über die etabliertere Glaubenslehren so eifersüchtig wachen. «Woher» und «wie» die Menschen ihre spirituelle Nahrung beziehen, ist nicht so wichtig wie der Grad der Verehrung, der dieser Quelle zuteil wird. In dieser Hinsicht sind die Aborigines stolze Vertreter einer alten Rasse, die es der Religion und den religiösen Überzeugungen gestatteten, ihr Leben ganz zu durchdringen.

In der Tat gibt es kaum andere Kulturen in der Geschichte der Menschheit, die ihre Glaubenslehren so erfolgreich in ihr Alltagsleben integriert haben wie diese. Das Totem und sein Tjurunga sind ein persönlicher Teil davon. Es ist so, als fungierte der Tjurunga als Cinvatbrücke, über die die Seele des Schwarzaustraliers in das Reich des Träumens gelangt. Lebt der Mann gemäß seinem Totem, kann er die Brücke überqueren und begegnet seinem Traumzeitahnen, gewissermaßen seiner «himmlischen Vorstellung». Widersetzt er sich seinem Totem, dann leugnet er alles, was mit ihm zusammenhängt, seine Ehre, ja, seine menschliche Natur. Das erklärt in vielerlei Hinsicht den kulturellen Verfall der Aborigines, den die europäische Vorherrschaft in den letzten zweihundert Jahren mit sich brachte. Indem man die Aborigines von ihrem Land vertrieb, trennte man sie auch von ihren Totems. Dadurch wurde die Brücke, die sie mit ihrer «himmlischen Vorstellung», ihrer Traumzeit verband, zerstört. Ist es da vielleicht ein Wunder, wenn Alkolismus und kulturelle Desorientiertheit auf dem Fuße folgten?

Das Totem ist also der Mensch. Er steht zu seinem erwählten Ahnen, seinem Traumzeitführer. Bei der Empfängnis wird ihm eine einzigartige Identität zuteil, ein Geistidentität, die nicht nur von ihm ist, sondern von der Traumzeit. Dieser Geist oder *kuruna* nimmt die Gestalt eines kleinen Vogels an, der *chichurkna* heißt und dessen Zwitschern oft vernommen wird, wenn im Lager jemand gestorben ist. Dann fliegt dieser kleine Vogel sogleich zur Totemstätte des Toten, wo er sich mit seinem Gegenstück, dem *arumburinga,* verbindet, um so den Leichnam vor bösen Geistern beschützen zu können. Hier an diesem Punkt erkennen wir einmal mehr die «Paarung» der zwei Geister, die zu Lebzeiten über den Toten gewacht haben. Der *chichurkna* des Mannes vereinigt sich mit dem *arumburinga* des Tjurunga und bringt somit aufs neue eine totemische Ganzheit in der Traumzeit hervor.[10]

Die Geburt stellt für die Aborigines ein übernatürliches Ereignis dar. Das Hineingeborenwerden in ein totemisches Umfeld befreit einen

Menschen aus den Fesseln des Todes. Sein Körper stirbt zwar, aber sein Geist bleibt für immer in seinem totemischen Umfeld. Im Träumen – seiner Weltanschauung – lobpreist er über sein Totem seine Präsenz im Leben. Deshalb ist er auch in der Lage, das Land zu durchstreifen. Alles, was er fürchtet, ist ein Zerfall infolge von Unglauben oder Vertreibung aus dem Land seines Totems. Das Totem ist das Band, das ihn mit dem Unendlichen verbindet. Durch die tiefempfundene Verehrung für die Traumzeit hat sich der Schwarzaustralier selbst eine höchste Theophanie geschaffen. Die vollkommene Übereinstimmung zwischen sichtbaren und unsichtbaren Dingen wird mit dem Totem und seinem Tjurunga bekräftigt. Demnach «sind Sonnen und Monde in einem irdischen Zustand sichtbar und im Himmel alle Pflanzen, Steine und Tiere in einem himmlischen Zustand, wo sie spirituell existieren»[11]. Dieser Gedanke veranschaulicht wohl am besten die Wirkung eines Totems auf die Spiritualität eines Menschen. Über sein Totem offenbart sich ihm im Geiste die ganze «theophanische» Herrlichkeit der Traumzeit.

1 Ashley Montagu, *Coming into Being among Australian Aborgines*, London 1937.

2 Zitat aus den Aufzeichnungen des Autors.

3 W.E.H. Stanner, *White Man Got No Dreaming*, A.N.U. Press, 1938–1973.

4 Ebenda, S. 129ff.

5 Plotin, *Enneaden*, B. 8.6.

6 Ebenda, II. 3.7.

7 *Der Koran*, Sure 17, Die Nachtfahrt 44 (46), Philipp Reclam, Stuttgart 1991.

8 Für eine eingehende Untersuchung der visionären Geographie siehe: Henry Corbin, *Spiritual Body and Celestial Earth.*

9 *Oeuvres philosophiques et mystiques de Sohrawardi*, Paris und Teheran 1952.

10 Ein Vergleich mit der altägyptischen Vorstellung von *ba* und *ka* drängt sich hier auf. Der *ka* eines Menschen wird immer als winziger Vogel dargestellt, der den menschlichen Körper im Tode verläßt. Es heißt, wenn ein Mensch *sein ka beherrscht* und *mit seinem ka geht*, lebt er. Da der Tod die Trennung des Feinstofflichen vom Grobstofflichen beinhaltet, muß der *ka* seinen menschlichen Träger verlassen, so wie auch der *chichurkna* nach dem Tod zu seinem *arumburinga* fliegt. In einem Papyrustext steht geschrieben, daß der ba sein ka wie-

derfinden muß, wenn eine Wiedergeburt erfolgen soll. Das entspricht der Vorstellung der Aborigines von der Rückkehr des Geistes in die Traumzeit, um wiedervereint – und implizit – im Totem der Ahnen wiedergeboren zu werden.

11 Proklos, *Treatise on the Hieratic Art of the Greeks.*

KAPITEL 8

Einsamkeit und Leben in der Gemeinschaft

Anfang des 5. Jahrhunderts sprach der christliche Dichter und Bischof Paulinus von Nola in einem Brief an seinen heidnischen Freund Ausonius von der Einsamkeit in einer Weise, die unsere Einstellung gegenüber Zurückgezogenheit und Eremiten entscheidend geprägt hat.

> Nicht, daß sie arm im Geiste sind oder gar wilde Bestien, weil sie die Abgeschiedenheit als Lebensraum gewählt haben. Ihr Blick ist zu den Sternen hoch oben am Himmel gerichtet, der absoluten Stille der Wahrheit.[1]

Es zeugt im Grunde von einer ichbezogenen Denkweise, wenn man sich aus der Gesellschaft zurückzieht, um dann in der Abgeschiedenheit der Wüste oder der Wälder auf die spirituelle Suche zu gehen. Zu Beginn des 5. Jahrhunderts hatte das frühchristliche Anachoretentum in Ägypten und Palästina bereits seit gut hundert Jahre Bestand, und seine Auswirkungen auf die Gesellschaft hatten Patrizier wie Plebejer im gesamten Römischen Reich deutlich zu spüren bekommen. Seitdem hat das abendländische Mönchtum, zumindest in der Form, wie wir es aus Europa und Rußland kennen, das Eremitendasein mit Fasten, Schweigen und Bußübungen kanonisiert. Nicht umsonst forderte der heilige Isaak von Syrien eigenwillige Mönche dazu auf, in die Abgeschiedenheit zu gehen, wenn sie sich in Tugendhaftigkeit üben wollten.[2]
Die Vorstellung, seine Stammesgemeinschaft zu verlassen und die Ein-

samkeit zu suchen, ist der Denkweise des australischen Ureinwohners jedoch völlig fremd. Natürlich sind ihm die psychologischen Folgen des Alleinseins voll bewußt, aber er sieht dieses Zurückziehen unter dem Aspekt, wie es sich auf die Gemeinschaft auswirkt. Um sein Verhalten zu verstehen, muß man zunächst sehen, welche komplexe metaphysische Beziehung ein Aborigine zu seinem Land unterhält und wie sein ganzes Handeln vom Träumen bestimmt wird. Denn in dem Sinne, wie es Paulinus von Nola oder der heilige Hieronymus meinte, als er über den heiligen Antonius, den Vater des Mönchtums, schrieb, kann ein Aborigine in der Wüste nicht allein sein, es sei denn, er verläßt sein Stammesland. Wo auch immer er sich als Nomade aufhält, er ist stets in unmittelbarer Nähe seiner Vorfahren, seiner Kulturheroen aus der Traumzeit (Himmelsheroen) und seiner Totemstätte. Trotz physischen Alleinseins lebt ein Aborigine in einer metaphyischen Gemeinschaft und wird von ihr getragen.

Im Gegensatz zu seinem modernen Pendant braucht der traditionelle Aborigine nur wenige Gerätschaften und Waffen zum Leben. Im Busch lernte er, mit dem Notwendigsten auszukommen und sicherte so annähernd 50 000 Jahre sein Überleben. Das Ansteigen des Meeresspiegels im Anschluß an die Eiszeit verhinderte einen weiteren Zustrom von Einwanderen aus dem südindonesischen Raum nach Australien und somit auch einen technischen Fortschritt, von dem er hätte profitieren können. Es ist jedoch fraglich, ob er an irgendwelchen Verbesserungen bezüglich seines Lebensstils überhaupt interessiert gewesen wäre, denn er hatte inzwischen eine für ihn akzeptable Lebensform geschaffen, die der Umwelt perfekt angepaßt war. Seine sogenannte Rückständigkeit beruhte nicht etwa auf intellektuellem Unvermögen, was viele Ethnologen des 19. Jahrhunderts glauben machen wollten, sondern war die Folge der gesetzten Prioritäten. Er hatte nämlich schon vor langer Zeit beschlossen, daß ihm sein spirituelles Leben wichtiger war als sein physisches.

Die Askese existiert für ihn daher nicht als eigenständige Realität. Er muß sich nicht erst vom Stammesleben zurückziehen, um zum Heil zu gelangen. Dafür sorgen schon der Stammesglaube, die Stammessitte und das Stammesgesetz. Diesen ist er verpflichtet, bevor er sich selbst verpflichtet ist. Das Gesetz der Gemeinschaft hat Vorrang vor dem Wil-

126

len des Einzelnen und ist ihm weitgehend übergeordnet. Der australische Ureinwohner sieht sich zunächst als Stammesangehöriger und erst dann als Individuum. Das soll aber nicht heißen, daß seine soziale Identität jegliches Gespür für seine Rolle als Individuum ausschließt – ganz im Gegenteil! Aborigines treten meist als Einzelperson auf und sind sich ihrer totemistischen und matrilinearen Abstammung voll bewußt, durch die jeder einzelne in der Stammesgemeinschaft einzigartig wird. Die enge Bindung der Australier an ihr Territorium habe ich an anderer Stelle bereits eingehend behandelt. Wie alle Naturvölker fühlt sich der australische Ureinwohner durch eine Vielzahl von religiösen Anschauungen und Ritualen an sein Stammesland gebunden. Dazu zählen seine Totemzugehörigkeit, die Lieder und Tänze, die mit seinem Totem in Verbindung stehen, das esoterische Wissen um seine Traumzeitstätte (der Ort seiner Empfängnis, wo das Geistkind in den Schoß seiner Mutter eindrang, was nicht aus einer körperlichen Vereinigung seiner Eltern resultiert) und nicht zuletzt das schöpferische Wirken der Himmelsheroen in der Traumzeit, als die Welt erschaffen wurde. Denn genau in diesem zeitlosen Augenblick der Traumzeit, als die Welt «neu war», offenbart sich jegliche Existenz, wie ein Stammesältester es mir auf beredte Weise beschrieb. Dies ist weder ein Paradies noch eine mythische Urzeit, sondern eine Vorstellung, zu der das Weiterleben seiner Vorfahren post mortem ebenso gehört wie der Beginn der manifestierten Welt. Diverse Himmelsheroen stehen mit diesem Erschaffungs- und Gestaltungsprozeß in Verbindung; der Regenbogenschlange kommt hierbei die größte Bedeutung zu. Abbildungen von ihr sind auf Höhlenwänden in ganz Australien zu finden, und auch in Mythen, Erzählungen und Liedern kommt sie häufig vor. Außerdem sind ihr viele Wasserlöcher geweiht. So ist zum Beispiel die Quelle von Mutitdjilda am Fuße von Uluru (Ayers Rock) Wanambi, der Regenbogenschlange, geweiht.

Da die Himmelsheroen die Welt erschaffen haben (das heißt, die Hügel, die Wasserläufe, die Täler, einzelne Felsen und auffällige Erkennungszeichen in der Landschaft), wird das Stammesterritorium zu einem komplexen Gitternetz mythischen Ausdrucks. Ein Aborigine kann der heiligen Geschichte seines Volkes nie entfliehen, außer durch bewußtes Vergessen. Daher sieht er alles unter einem metaphysischen

Blickwinkel, und das bestimmt natürlich auch seine Art zu denken und zu handeln. In seinem Handeln unterliegt der australische Ureinwohner zahlreichen Beschränkungen in Form von Tabus, denn das Stammesgesetz greift stark in sein Leben ein. Trotz der scheinbaren Unendlichkeit des Raums und der Vorstellung von einer menschenleeren Landschaft – denn genau das war es, was der australische Kontinent für die ersten europäischen Siedler verkörperte -, ist sich der Aborigine mit jedem Schritt bewußt, daß er den Überresten des mythischen Dramas und den damit verbundenen Verboten gegenübersteht. Er geht nicht aus freien Stücken in die Wüste, wie es die frühchristlichen Anachoreten taten, denn er lebt ständig in einem mythischen Territorium, das die Traumzeitahnen erschaffen haben.

Mit der herkömmlichen Vorstellung von Einsamkeit kann der Aborigine nichts anfangen. Er hält nicht Dialog mit sich selbst oder mit seinem Schöpfer, sondern mit dem Reich des hieratischen Wirkens, einem Reich, wo überirdische Ereignisse die Oberhand haben. Dort findet keine Identifikation zwischen ihm und einem monotheistischen Gott statt. Das soll nicht heißen, daß er keine Vorstellung hat vom Numinosen oder daß das «Heiligenbild» nicht in seine Welt paßt. Es ist vielmehr so, daß er keine persönliche Beziehung zwischen sich und dem Anderssein des Himmelsheroen erkennt. Der Himmelsheld ist einfach da, beziehungsweise er existierte in der Traumzeit. Das göttliche Wesen lebt ein anderes Leben, ein übernatürliches Leben, ein Leben, das von himmlischen Gesetzen bestimmt wird, die für die menschliche Ordnung ohne Bedeutung sind. Der australische Ureinwohner erkennt zwei Realitätsebenen, die sich nicht überschneiden, außer bei Kulthandlungen, wenn die Verbindungskanäle absichtlich geöffnet werden. Das bedeutet, daß es zweierlei Art von Leben gibt: das vergängliche Leben der Menschen und das himmlische Leben der Himmelsheroen.

Einsamkeit gibt es für den australischen Ureinwohner nur in der Form, daß ihm die Welt des Himmelsheroen – das heißt, die Traumzeit – verschlossen bleibt. Selbst ein junger Krieger, der als Teil seiner Initiationsprüfung den Stamm verlassen muß, mitunter sogar für viele Monate, lebt während seiner zeitweiligen Verbannung nicht völlig kulturlos. Denn er besitzt Kenntnisse, in begrenztem Umfang zwar (wenn er noch nicht voll initiiert ist und ihm daher bestimmte esoterische Zusammenhänge vorenthalten sind), aber dennoch auf das Land bezogen, das er durchwandert. Man schickt ihn nicht ohne intellektuelle und spirituelle Orientierung in die Fremde. Er «weiß, wohin er geht», denn die mythischen Symbole, die ihm zur Verfügung stehen, sind ihm vertraut. Selbst wenn er also im physischen Sinne allein ist, führt er kein Einsiedlerdasein wie ein Anachoret, der sich in seine Höhle in der Wüste zurückzieht. Während der Anachoret sich mit Absicht seiner physischen Realität zu entziehen versucht, stellt der Aborigine sich ihr ganz bewußt.

Einsamkeit, zumindest das, was wir darunter verstehen, setzt eine Ablehnung all dessen voraus, was wir für die «Illusion der Empfindungsvermögens» halten. Der Anachoret und der Eremit versuchen sich in der Abgeschiedenheit aus dem Netz der normalen Wirklichkeit zu befreien, um ihre spirituelle Entwicklung zu fördern. Dabei werden sie nicht selten in einen, wie Lorenzo Scupoli es nannte, «unsichtbaren Krieg» mit Dämonen und psychischen Phänomenen negativer Art verwickelt. Daraus erwächst wiederum das Verlangen nach weiteren Entsagungen, in der Hoffnung, die Seele von ihrem Schmutz zu reinigen. Die körperlichen Begierden werden schließlich soweit abgetötet, bis Geist und Seele die ewige Seligkeit erlangen. Das ist das höchste Ziel aller Asketen, ob es nun Christen, Buddhisten, Hindus oder Moslems sind. Das Eremitendasein ist eng verknüpft mit dem Wunsch, die kontingente Wirklichkeit zu transzendieren in Erwartung einer ganz anderen Form der Wirklichkeit. Das ist die Grundlage aller modernen spirituellen Praktiken.

Die Vorstellung, in diesem Leben Verzicht zu üben, um in einem anderen Leben ein bestimmtes spirituelles Ziel greifbar zu machen, spielt in der Welt des australischen Ureinwohners keine bedeutende Rolle. Das soll aber nicht heißen, daß ihm die Vorzüge asketischen Lebens unbekannt sind. Er kennt sie zur Genüge. Die meisten Initiationsriten beinhalten irgendeine Form der körperlichen Entbehrung. Das Anritzen der Haut, das Ausschlagen der oberen Schneidezähne, die Zirkumzision und die Subinzision (bei der der Penis gespalten wird) sind allesamt Praktiken, die prüfen sollen, inwieweit der Novize Schmerzen auszuhalten vermag. Körperlicher Schmerz gilt als wichtige Begleiterscheinung bei der Überführung des Knaben in den Status eines erwachsenen

Mannes. Nicht selten verstümmelt sich ein Aborigine auch selbst hin und wieder, um sich und den Stammesältesten zu beweisen, welche Stufe der Innerlichkeit er als Weiser, als «Mann von hohem Rang» erreicht hat.[3] Formalisierte asketische Übungen haben ihren Ursprung in gemeinschaftlichen Überlegungen, wie denn wohl eine höhere Ebene der Spiritualität zu erreichen sei. Ausgearbeitet wurden sie größtenteils von zönobitischen Gruppen, die in einer Klostergemeinschaft lebten. Daß diese Bußübungen an entlegenen Orten absolviert werden (ein Kloster gilt als abgeschlossener Raum im Sinne von entlegen oder abgeschieden), unterstreicht nur die Bedeutung von Entsagung und Schmerz als Methoden zur Erlangung von spiritueller Weisheit. Die ganze Menschheit weiß um diese Methoden, mit Ausnahme vielleicht der überzeugten Atheisten oder Agnostiker, gleichwohl auch diese ihre heilsame Wirkung bestätigen werden, selbst wenn sie ihre spirituelle Wirksamkeit leugnen. Die Vorstellung vom «Übergehen» in einen anderen Zustand bestimmt in gewissem Maße unser normales Realitätsempfinden. In diesem Sinn ist sich der Aborigine schmerzlich bewußt, daß er den alltäglichen Bewußtseinszustand überschreiten und in eine übernatürliche Wirklichkeit eintauchen muß. In der Tat bestimmt diese Erkenntnis weite Bereiche seines Lebens. Die asketische Übung, die auf der Vorstellung von Einsamkeit beruht, hat jedoch nichts mit dem Aufsuchen «einsamer Plätze» zu tun (obwohl es reichlich davon gibt), sondern mit dem Öffnen der Verbindungskanäle zwischen ihm und den Himmelsheroen.

Das Ritual ist das Instrument, mit dem der australische Ureinwohner die Anderswelt, das Träumen, erkundet. Er ist der geborene Liturg, denn er vermag Zeremonien auszuführen, die alle Aspekte des schöpferischen Wirkens seiner Himmelshelden umfassen, seien sie nun real oder bloß vorgestellt. Das Ritual ist die materielle Darstellung der metaphysischen und «imaginalen» Fähigkeiten.[4] Indem der Aborigine das Immaterielle durch eine Handlung (Tanzen) oder ein musikalisches Gebilde (Lied) verkörpert, schenkt er einer Reihe von numinosen Werten und Gefühlen Glauben. Auch in der Kombination von Ritual und diversen asketischen Praktiken (Zirkumzision; Vermischung von Blut, um göttliche Brüderschaft zum Ausdruck zu bringen) anläßlich wichtiger Stammeszeremonien bestätigt ein solcher Zusammenhang die unsichtbare Präsenz der Himmelsheroen und verweist so auf die bestehende Blutsverwandtschaft zwischen Mensch und Geist. Askese und Ritual gehören für den australischen Ureinwohner fast immer zusammen. Selbstgeißelung ist ihm zwar völlig fremd, aber er will spirituelles Wissen nicht außerhalb der Stammesgemeinschaft erlangen. Er fühlt sich seinen Brüdern verbunden, und sein spirituelles Leben ist eng verknüpft mit dem gesamten spirituellen Wissen seiner Gemeinschaft. Die Einsamkeit erhält somit eine völlig andere Bedeutung für den Schwarzaustralier. Sein Stammesland ist ein erweiterter Mythos. Er lebt nicht «auf Kosten» des Landes, sondern «für» eine irdische Beziehung mit der Anderswelt, dem Träumen. Mit den Vögeln und Tieren lebt er in brüderlicher Gemeinschaft, nicht getrennt von ihnen. Sie gehören zu seinem totemistischen Leben, das heißt, ihr Dasein spiegelt sein eigenes wider. Ein Aborigine wird also niemals allein sein, denn er weiß, daß er nicht nur in unmittelbarer Nähe des Mythos (des Himmelsheroen) lebt, sondern in physischer Nähe seines Totems. Ihn umgibt eine Hülle aus heiliger Geschichte und ihrem natürlichen Gegenstück, dem Totem. Physische Einsamkeit realisiert er nur, wenn diese Voraussetzungen fehlen.

Wenn eine Landschaft als Trägerin heiliger Geschichte «stirbt» oder wenn die Tiere fortziehen (eine Art physisches «Aussterben»), weil die rituellen Handlungen vernachlässigt wurden, dann droht das Stammesterritorium zu einer metaphysischen Wüste zu werden. Ein Aborigine, der in eine solche Landschaft hinausgeht und nichts über das Traumzeitgeschehen dieser Region weiß oder dieses nicht mehr erinnern kann, wird in einen Zustand existentieller Einsamkeit geraten, hervorgerufen durch metaphysische Angst. Auf meinen Reisen bin ich vielen Aborigines begegnet, die mir mit Bedauern erzählten, wie die Geschichten über ein bestimmtes Stück Land in «Vergessenheit» geraten sind, oder daß ihr Erzähler (der «Verbindungsmann») gestorben ist, ohne die Geschichten weitergegeben zu haben. Wenn das passiert, ist es ziemlich unwahrscheinlich, daß das Land jemals wieder zum Stammesland gehören wird. Es wird nutzloses Land, «Müll», wie die Aborigines sagen, ein Land ohne jede heilige Geschichte, das buchstäblich eine mythische und metaphysische Wüste geworden ist.

Als Beispiel dafür, wie eng die Bindung eines Australiers an sein Territorium sein kann, und wie durch Einsamkeit etwas zwangsläufig als numinos erfahren wird, möchte ich eine Geschichte wiedergeben, die der berühmte Tänzer Leotardi aus Milingimbi im Arnhemland (Nordaustralien) einst einem Ethnologen erzählte. Leotardi beschreibt darin, wie seine Lieder und Tänze zustande kommen:

Die Geister geben sie mir. Manchmal, wenn ich auf Jagd bin, bleibe ich an einem bestimmten Ort stehen. Irgend etwas an diesem Ort sagt mir, still zu sein. Nach einer Weile zeigen sich die Geister und beginnen zu singen und zu tanzen. Sie sind angemalt und schlagen mit ihren Klanghölzern den Takt. Ich bleibe ganz ruhig, merke mir das Lied, merke mir den Tanz und merke mir die Bemalung. Dann kehre ich ins Lager zurück und präsentiere dieses Lied, diesen Tanz und diese Bemalung meinem Volk.[5]

Hier sehen wir ganz deutlich, daß der Mann auf die Hilfe seines Landes angewiesen ist, wenn er seine Verbundenheit damit zum Ausdruck bringen möchte. Sein Alleinsein verschafft ihm automatisch Zugang zu metaphysischen Informationen, die er alsbald an seine Gemeinschaft weiterreicht. Zu keiner Zeit sieht er sie als seinen alleinigen Besitz an. Die Geister lassen ihm Botschaften zukommen, die für alle da sind, das heißt, auch für seine Stammesbrüder. Was jedoch Leotardis Begegnung mit dem Land zugrunde liegt, ist eine andersgeartete Beziehung. Nur ungern gebrauche ich das Wort «mystisch», da es konnotativ heute eine Inbrunst, eine Hingabe einschließt, die Aborigines in ihren spirituellen Praktiken nicht bekunden.

Trotzdem bestätigt Leotardi, die Geister sehen zu können. Sie zeigen sich ihm. Sie haben eine physische, eine «imaginale» Präsenz. Und was vielleicht noch wichtiger ist, er gibt zu, daß irgend etwas im Land ihm sagt, still zu sein. Er ist damit eindeutig in einen numinosen Dialog mit dem Geist des Landes getreten, in einen Dialog, den wir als Vorstufe des Betens bezeichnen könnten. Was wir verstehen müssen, ist folgendes: Der Aborigine hat vielleicht keine persönliche Beziehung zu Gott, aber er hat eine persönliche Beziehung zur Erde als numinoses Gebilde. Insoweit als die Erde ihn zum Schweigen bringen kann, sieht er sich selbst spirituell mit seinem Land vereint. Das Land hat ihn unter Kontrolle. Es fungiert als sein spiritueller Führer und leistet ihm Beistand. Eine wirkliche Verbannung sähe ein australischer Ureinwohner nur in der Aufgabe seines Geburtsrechts – seines Träumens. In einem solchen Fall würde das nicht nur seinen spirituellen Tod bedeuten, sondern meist auch den körperlichen Tod nach sich ziehen. Bei Roland Robinson lesen wir über einen Mann aus Neu-Süd-Wales, der folgende Geschichte erzählte: Ein Stammesältester verkaufte dem Bürgermeister des Ortes einen Berg, der als Steinbruch genutzt werden sollte. Als Gegenleistung bot der Bürgermeister dem Besitzer ein paar Sovereigns und eine Flasche Rum. Inzwischen hatte die erste Ladung Gelatinedynamit, die unter dem Berg explodiert war, einen wahren Sturzbach aus schwarzem Wasser entfesselt, der erst nach vielen Wochen wieder versiegte. In dieser Zeit erkrankte der Vorbesitzer des Berges und starb schließlich. Sein Träumen war durch die Explosion derart zerstört worden, daß der Mann körperlich daran zugrunde ging. Wie Robinsons Informant später anmerkte, hatte der Mann sein Geburtsrecht – sein Träumen – verkauft.[6]

Wie eingangs bereits erwähnt, ist das Land durchdrungen von *djang*, einer numinosen Kraft, die die spirituelle Lebensenergie der Erde darstellt. Da die Aborigines glauben, daß die meisten Landschaften tatsächlich leben, können sie sie nicht zur Wildnis erklären. Im Gegensatz zum Anachoreten, der seine Höhle für die Verkörperung einer materiellen Leere hält, sieht der australische Ureinwohner sein Land als spirituelles Panorama, das von Geistern bevölkert ist. Er nennt diese Konzentration von irdischer Energie *djang* oder *kurunba*, je nachdem, welchem Stamm er angehört. Deshalb verehrt er sein Land wie seine Mutter, nicht wie einen unfertigen Rohstoff, den es materiell auszubeuten gilt. Das, was dem Besitzer des Berges nach der Explosion des Dynamits passierte, bekräftigte nur noch die Zerstörung von *djang* an dieser Stelle. Der Mann hatte zugelassen, daß seine spirituelle Lebensenergie dahinschwand. Am Ende wäre er als «Müllgegend» eingestuft worden und somit zu einem mehr oder weniger trostloses Dasein außerhalb der menschlichen Gemeinschaft verdammt. Der Hinweis ist deutlich: Die Menschen allein machen keine Gemeinschaft aus. Um die Prinzipien guter Staatsbürgerschaft zu verstärken – das, was in der Antike als *civitas* bezeichnet wurde – bedarf es der Mitwirkung des Landes.

Im Zusammenhang mit der Spiritualität der Aborigines vom Wunsch nach Einsamkeit als einem existentiellen Zustand wie Zufriedenheit oder Wohlergehen zu reden, wäre eine Verunglimpfung ihres allgegenwärtigen metaphysischen Umfeldes. Aborigines suchen die Einsamkeit nicht so wie andere, die auf der spirituellen Suche sind. Auch sehen sie die Landschaft nicht als Freiraum, in den man sich beliebig zurückziehen kann. Natürlich erkennen sie die heiligen Stätten an, von denen sich viele in entlegenen Gebieten befinden. Doch diese Abgeschiedenheit ist Teil ihrer spirituellen Bedeutung als aktiv Beteiligte am hieratischen Schauspiel, das Traumzeit heißt. Bill Neidjie, der Stammesangehörige der Bunidji bemerkte dazu: «Erde ist wie Vater, Bruder oder Mutter, denn du stammst von der Erde und gehst auch wieder dahin zurück. Wenn du tot bist... dann kommst zu zurück zur Erde. Deine Gebeine, dein Blut stecken in dieser Erde genau wie ein Baum.»[7]

Diese in bewegenden Worten zum Ausdruck gebrachten Gedanken zeigen, was ein australischer Ureinwohner für seine Umwelt empfindet. Es ist ihm praktisch nicht möglich, seine Bindung an die Erde, an das Träumen und an sein Totem zu leugnen. Diese Triade bestimmt seine intellektuelle und emotionale Einstellung und auch seine ganze Einstellung gegenüber der Gemeinschaft. Gleichwohl er die Notwendigkeit erkennt, sich zu zeremoniellen Anlässen aus der Gemeinschaft zurückzuziehen, steht das Gefühl von Einsamkeit, das er zu diesem Zeitpunkt empfindet, ganz unter dem Zeichen von Mythos und Ritual. Er ist daher niemals wirklich «allein» und wird auch nie von dem gequält, was die Anachoreten als abgrundtiefe innere Leere kannten.

Das Träumen ist so total und übergreifend, daß es einem australischen Ureinwohner schwerfallen würde, daraus auszubrechen und «selbstbewußt» zu werden in dem Sinne, wie wir es verstehen. Denn sein Selbst ist fest verknüpft mit dem Netz von Beziehungen zu seiner Mutter, seinem Vater, seinen Totemahnen und dem Land, das ihn hervorgebracht hat. Er ist sowohl Gefangener als auch freier Mann und zugleich Opfer einer metaphysischen Gewißheit und ihres Ideals. Seine persönliche Identität wird aus abstrakten Mythen und dem unsichtbaren Wirken der Erde geformt. Deshalb kann er auch viele persönliche

Einschränkungen (daß er zum Beispiel ein schlechter Vater oder ein erbärmlicher Speerwerfer ist) transzendieren, wenn er sich in sein anderes Ich, seine totemistische Identität hineinversetzt. Das bedeutet also, daß ein Aborigine neben seinem physischen Leben auch noch zu einem anderen Leben fähig ist, und dieses zutiefst imaginale Leben ist gekoppelt an ein Gefühl von Anderssein.

Der australische Ureinwohner ist kein Überbleibsel einer prähistorischen Rasse, wovon viele Ethnologen in der Vergangenheit ausgingen. Er ist vielmehr ein Mann mit Kultur, jemand, der nie weit von seinem Ursprung abweicht. In diesem Sinne ist er jemand, der seine eigene himmlische Geschichte immer wieder erneuern kann, ohne ihren Anfang auf irgendeinen willkürlichen Zeitpunkt festlegen zu müssen. Das Träumen geschah und geschieht immer noch. Als ein metaphysischer Zustand transzendiert er die Zeit, wirft sein Licht auf alle Menschen, überall zugleich, auf Lebende wie auf Tote. Seine spirituelle Dimension ist so gewaltig, daß er die materielle Kontingenz des Hier und Jetzt vollständig verdrängt. Das wirklich geheimnisvolle Ziel des Träumens liegt zu diesem Zeitpunkt jenseits allen Vorstellungsvermögens und allen Verständnisses, nicht nur, weil Wissen gewisse unveränderliche Grenzen hat, sondern weil man darin etwas von Natur aus «ganz anderem» begegnet, vor dem ein Aborigine – genauso wie wir alle – staunend zurückweicht. Das Träumen verkörpert somit für den australischen Ureinwohner alles, was «ganz anders» ist, alles, was ihn über seine eigene und einzigartige Identität in Kenntnis setzt.

Letzten Endes muß der australische Ureinwohner als sichtbarer Beweis dafür gewertet werden, daß der Bruch zwischen Mensch und Natur ein relativ neues Phänomen ist. Christen mögen diesen Zustand dem ersten Sündenfall zuschreiben, doch ein Aborigine denkt darüber anders. Ihn quält nicht der ständige Gedanke an die Unsterblichkeit seiner Seele, vorausgesetzt natürlich, daß die Bestattungszeremonien korrekt durchgeführt worden sind. Ist dies der Fall, dann ist seine Seele sicher bei seinen Stammesangehörigen aufgehoben, und er braucht den Tod nicht zu fürchten. Ziel der Seele ist das riesige Sammelbecken des Geistes[8], das unergründet in den Tiefen der Traumzeit liegt. Das Interesse des Aborigines gilt in erster Linie dem Hier und Jetzt, und so gibt er sich große Mühe, die Natur und ihr Ideal über alles zu lieben. Er lebt gern in dieser Welt und sehnt sich nicht nach einer anderen. Einsamkeit ist für ihn ein Zustand, der vorübergeht und in dem sich seine spirituelle Weisheit vertieft oder auch nicht. Und außerdem sind die Rituale sein Schlüssel zu chthonischer Erkenntnis, nicht die Abgeschiedenheit in der Einöde. Seine Askese hat nichts mit selbstauferlegter Buße zu tun, sondern zeigt sich in der Hochachtung vor allen Dingen in der Natur.

1 Helen Waddell, *Mediaeval Latin Lyrics*, London 1962.

2 Kadloubovsky und Palmer, *Early Fathers from the Philokalia*, London 1969, S. 269, Abs. 190.

3 Siehe A.P. Elkin, *Aboriginal Men of High Degree*, Brisbane 1977.

4 Henry Corbin, «Towards a Chart of the Imaginal» in *Temenos* 1, 1981. Corbin setzt die «imaginale» Welt mit der «Seelenwelt» gleich. Eine imaginale Form vermittelt zwischen der geistigen und der sinnlichen Welt. In diesem Sinne steht sie über dem rein «Imaginativen», das von dem Sinnlichen oft um seiner selbst willen durchdrungen ist. Die imaginale Form setzt eine Begegnung mit Sein und Wissen voraus, eine Theophanie.

5 Roland Robinson, *The Man Who Sold His Dreaming*, Toronto 1965.

6 Ebenda, S. 98-110.

7 Bill Neidjie, *Australia's Kakadu Man*, Darwin 1986.

8 Das unsichtbare Prinzip hat trotz alledem einen Namen. Wie Ngadaia oder Baiame bewohnt auch ein schemenhafter Gnom – der Geist – die Traumzeit als *prima causa*. Der Mensch kann nicht mit dem Geist in Verbindung treten. Die Beziehung zur Traumzeit stellt der Uraustralier über die Himmelshelden und implizit über Baiame her. Baiame zeigt sich höchst selten auf Erden, dennoch habe ich eine Kultstätte gefunden, wo er angeblich vom Himmel herabgestiegen sein soll. Diese Stätte heißt Kumana-Kiri und liegt in der westaustralischen Region Pilbara.

KAPITEL 9

Wege in ein neues Träumen

Im Verlauf dieses Buches ist kein einziges Mal der Versuch unternommen worden, die Spiritualität der Aborigines als eine in sich geschlossene Theologie, die eine übersichtliche Glaubenslehre zuläßt, darzustellen. In der Vergangenheit der australischen Religion wurde nämlich ein schlechter Dienst mit diesem Ansatz erwiesen, war er doch viel zu lange die Triebfeder der anthropologischen und sozialwissenschaftlichen Forschung. Ganz offensichtlich hat die streng wissenschaftliche Erforschung der schwarzaustralischen Kultur einen völlig falschen Eindruck vom spirituellen Leben dieser Menschen erbracht. Dabei wurde wahre Intuition durch wissenschaftliche Methoden ersetzt und als «Sozialwissenschaften» ausgegeben.

Das soll nicht heißen, daß es unter den Aborigines kein klar definiertes «Glaubensbekenntnis» gibt. Ganz im Gegenteil! In den Grundzügen zeigt ihre Spiritualität landesweit auffällige Übereinstimmungen, trotz der Isoliertheit einzelner Stämme, was die Kommunikation früher so erschwerte. Es ist wirklich verblüffend, wie sehr sich die mythischen Überlieferungen und Kulthandlungen ähneln, auch wenn sie oberflächlich betrachtet voneinander abweichen. Aufgrund dieser Unterschiede ist es aber schwer, die spirituellen Vorstellungen der Aborigines anders wiederzugeben als in Form einer umfangreichen Sammlung von regional begrenzten Mythen, Himmelsheroen und Individual-Totemismus. Doch gerade diese Vielfalt macht ja den Glauben der Aborigines zu einem so kostbaren Juwel mit vielen Facetten.

Aber wie das Land, das es hervorgebracht hat, so ist auch das Träumen als Metaphysik in seiner Existenz bedroht. Vor der Reinheit der religiösen Handlungen, auf die die Aborigines früher so großen Wert legten, ist heute kaum etwas übriggeblieben, und auch das Geheimnisvolle, das jene Praktiken umgibt, hat seine numinose Ausstrahlung eingebüßt. Die europäische Kultur, die verzweifelt versuchte, den Kontinent einer nützlichen Verwertung zuzuführen, hat dem einst geheiligten Boden schweren Schaden zugefügt. Etliche Aborigines sind davon überzeugt, daß dies ein nicht wiedergutzumachender Schaden ist und daß der wirtschaftliche und landwirtschaftliche Vandalimus der letzten zweihundert Jahre es unmöglich macht, ihr Land aus dem entweihten Zustand wieder zu befreien.

Nur wenige Beobachter bestreiten, daß der größte Schaden in der Vergangenheit angerichtet wurde. Das soziale Gefüge der Aborigines ist ziemlich angeschlagen. Die Regenbogenschlange der nordaustralischen Wasserlöcher wurde aus ihren heiligen Stätten vertrieben und vegetiert nun hinter einer Mauer von Rassenvorurteilen vor sich hin. Von den leuchtenden Felsbildern der Wondjinas in Kimberley ist die Farbe abgeblättert, weil sich niemand für die Nachbesserung verantwortlich fühlt. Die Aborigines selbst sind teils durch eigene Schuld, teils durch das Zutun anderer in Selbstmitleid versunken und hoffen, irgendwann einfach «wegzusterben». Das Aborigines-«Problem», der beharrliche Widerstand eines Eingeborenenvolkes gegen die Assimilationspolitik der Weißen, verschlang infolgedessen unzählige Millionen Dollars und ließ landesweit einen riesigen Verwaltungsapparat entstehen, und das alles in der Hoffnung, eine Rasse zu bekehren, die sich schlichtweg weigert, auf die Art befriedet zu werden, die andere für richtig halten.

Das, wonach die Aborigines schreien und was ihnen bisher keine Regierung freiwillig zugestanden hat, ist der volle Rechtsanspruch auf ihr Stammesland. Aus gutem Grund, denn ökonomische Werte sind im heutigen Australien ein größerer Machtfaktor als die zerbrechlicheren bewahrenden Werte der schwarzaustralischen Heiligkeit. Kein weißer Politiker, kein Landwirtschaftsexperte und auch kein Magnat der Bergwerkskonzerne in der gegenwärtigen politischen Landschaft hatte jemals den Mut, aufzustehen und die Unterordnung wirtschaftlicher Ziele unter geistige Ziele zu fordern. In einer Welt des Agnostizismus ist es unvorstellbar, daß spirituelle Werte Priorität vor den Forderungen nach materiellem Reichtum haben. Der moderne Mensch ist wild entschlossen, alles Numinose zu zerstören, sei es metaphysischer, mythischer oder totemistischer Natur. Denn nur so kann er seiner eigenen materiellen Apotheose den Weg ebnen.

Die überlebenden Aborigines sind dadurch in Bedrängnis geraten. Sie wissen nicht, wie sie ihr Geburtsrecht wiedererlangen sollen. Ihnen bleibt nur die Konfrontation und politisches Handeln. Damit jedoch haben sie sich den Groll der weißen Bevölkerung zugezogen, die den Aborigines Opportunismus vorwerfen, weil sie versuchen, mehr für sich herauszuschlagen als ihnen zusteht. Der Ärger der Aborigines wird dagegen schnell als das Gejammer von städtischen Aktivisten abgetan, die «mehr weiß als schwarz» sind. Durch Anschuldigungen wie Zweckentfremdung von Geldern, Vetternwirtschaft und die maßlose Verschwendung von staatlichen Zuschüssen für unwirtschaftliche Unternehmen verlieren die Aborigines in den Augen der Europäer natürlich noch mehr an Glaubwürdigkeit. Und so bleibt es nicht aus, daß die Aborigines und ihre Gruppierungen gemeinhin als ewige Bettler gelten, die viel weniger verdienen, als sie ohnehin schon bekommen.

Führt ein Weg aus dieser Sackgasse heraus? Wenn die schwarzaustralische Kultur überleben soll, dann muß die Traumzeit als metaphysische Realität weitaus ernsthafter erforscht werden, als es bisher der Fall war. Das Träumen ist ganz fest mit dem Erbe der Aborigines verwurzelt und muß daher um jeden Preis als lebendige Wirklichkeit erhalten werden. Natürlich ist die Bereitstellung von Geldern für Wohnungen und medizinische Projekte, die Finanzierung von Künstlerkolonien und Wirtschaftsprogrammen lebenswichtig, aber noch wichtiger ist die Bekräftigung der Traumzeit. Das Träumen ist die raison d'etre der schwarzaustralischen Kultur. Solange Regierung und Verwaltung das nicht erkennen und entsprechend handeln, werden die Aborigines weiterhin einer massiven Diskriminierung ausgesetzt.

Die Traumzeit als lebendige Wirklichkeit anzuerkennen, erfordert allerdings von allen Betroffenen einen grundlegenden Sinneswandel. Zunächst muß die Traumzeit als das gesehen werden, was sie ist: eine metaphysische Darlegung der Ursprünge des Menschen als spirituelles Wesen. Solange die Traumzeit nur als Ansammlung von Mythen gesehen wird, die für alle anderen Australier kaum mehr als einen lebensfremden Wert darstellen, wird das Träumen als metaphysisches Geschehen immer herabgewürdigt werden. Menschen, die guten Willens sind, Europäer wie Aborigines, müssen endlich beginnen, die Geheimnisse der Traumzeit als wichtigen Teil ihres Lebens im Hier und Jetzt zu betrachten. Sie müssen endlich anfangen, das Träumen beziehungsweise die Traumzeit als einen spirituellen Zustand zu sehen und nicht einfach nur als eine Bezeichnung der Aborigines für den Erschaffungs- und Gestaltungsprozeß der Welt. Denn nur wenn sie sich die Traumzeit als ein ewig andauerndes, eher metaphysisches als historisches Ereignis vorstellen, kann sich dieser Wandel vollziehen.

Damit diese Veränderung des Bewußtseins eintritt, ist es unumgänglich, daß die Aborigines wieder in den Besitz ihrer Totems gelangen. Dazu muß man ihnen Zugang zu ihrem Land gewähren, ohne daß sie von der Regierung, den Interessenvertretungen der Bergwerkskonzerne und den Viehzüchtern in irgendeiner Form eingeschüchtert oder gestört werden. Die Wiederinbesitznahme ihres Landes würde bedeuten, daß die Heiligkeit sakraler Orte wiederhergestellt und das Träumen auf einer rituellen Ebene wieder erneuert werden könnte. Diese Art der «Wiedergutmachung» hätte zwangsläufig zur Folge, daß der Uraustralier seine Bindung an das totemistische Umfeld seiner Ahnen wiederauffrischen könnte. Denn nur über sein Totem hat er Zugang zu seinem Träumen und somit auch Zugang zum Träumen aller Aborigines. Wenn es dazu käme, dann könnte die Traumzeit langfristig für alle Australier ein nützliches metaphyisches Prinzip werden.

Das ist die Lektion, die die Aborigines allen erteilen können. Viel zu lange hat die angebliche Primitivität der Aborigines ein Milieu geschaffen, das die Europäer in diesem Lehrer-Schüler-Verhältnis eindeutig begünstigte. Es waren die Europäer, die Urteile fällten und Richtlinien aufstellten, wie Aborigines zu leben und zu denken hatten. Es waren die Europäer, die das Stammesleben der Aborigines unter dem Bann des Darwinismus und Postdarwinismus erforschten, um damit ihr Eindringen in die Kultur und vor allem in das Land der Aborigines zu rechtfertigen. Und auch in jüngster Zeit waren es die Europäer, die sich gegen eine Rückgabe des Landes an seine rechtmäßigen Besitzer aussprachen, weil dies ihrer Meinung nach wirtschaftlichen Schaden zur Folge hätte. Zur Unterstützung all dieser Aktionen war es notwendig, die Illusion aufrechtzuerhalten, die Aborigines seien eine «steinzeitliche» Rasse, die für das Leben in der heutigen Zeit schlecht gerüstet wären. Und das, obwohl sie das Land bereits 40 000 Jahre vor der Ankunft der Europäer bewohnt hatten.

Ich sehe keinen Grund, warum die Traumzeit in der heutigen australischen Gesellschaft nicht eine Renaissance erleben sollte, auch wenn einiges dagegenspricht. Das erfordert jedoch das kollektives Eingeständnis, daß das Land neben einer räumlichen Dimension auch eine sakrale Dimension hat. Solange wir das Land unbedingt befrieden und in gewisser Hinsicht zähmen wollen, bis sein Geist gebrochen ist, machen wir jede Hoffnung zunichte, daß die Traumzeit als ein metaphysisches Geschehen jemals wieder Realität wird.

Ein französischer Autor[1] hat einmal geschrieben, daß Umgebungen ihre ganz individuelle Entstehungsgeschichte haben. Das trifft besonders auf den australischen Kontinent zu, der seit eh und je der Inbegriff von Wildheit ist. Und diese Wildheit versuchten die Aborigines sich vollständig zu bewahren. Sie hatten nicht den Wunsch, ihr Land zu zähmen, weil sie genau wußten, daß sie sich dadurch den Zugang zu seinen Geheimnissen verbauen würden. Ein Land, das wild bleibt, bleibt auch geheimnisvoll. Die Aborigines waren sich schon immer dieser geheimnisvollen Macht – dieses Numens – als regenerative Kraft zum Wohle der Menschen bewußt. Sie wissen, beziehungsweise haben gewußt, daß ein «gezähmtes» Land nicht nur seine «Selbstheilungskraft» verliert, sondern auch den Menschen nicht mehr helfen kann. Ein Land sehnt sich ebenso nach Freiheit wie die Menschen. Indem wir es versklaven, so lehren uns die Aborigines, zerstören wir seine Fähigkeit, uns als Freund und Verbündeter zu begegnen.

In Gregor von Nyssa, dem griechischen Kirchenvater, finden wir jemanden, der die Ehrfurcht der Aborigines vor ihrem Land vortrefflich zum Ausdruck bringt. «Was ihr auf Erden und am Himmel seht, was ihr in der Sonne und im weiten Ozean erblickt, das gilt auch für euch selbst und eure menschliche Natur.» Und an anderer Stelle heißt es: «Wenn ihr das Universum betrachtet, seht ihr euch selbst.»[2] Goethe bemerkt dazu: «Der Mensch erlangt die Gewißheit seines eigenen Wesens dadurch, daß er das Wesen außer ihm als seinesgleichen, als gesetzlich anerkennt.»[3] Es gibt tatsächlich eine altehrwürdige Tradition, die fordert, daß der Mensch seine eigene Integrität mit der seines Landes gleichsetzt. Denn nur durch gegenseitige Anerkennung, gegenseitige Beachtung und gegenseitige Verehrung kann die Dualität des Seins aufgehoben werden. So wie auch der männliche und der weibliche Tjurunga zusammengehören, oder wie sich der kleine Vogel *chichurkna* nach dem Tode an der Totemstätte zu seinem Pendant, dem *arumburinga*, aufschwingt. Ein spiritueller Mensch weiß, daß er nicht überleben kann ohne die gebotene Achtung vor der Wildheit, die ein Abbild der metaphysischen Fülle auf Erden ist.

Die Aborigines, die eine tiefe und ehrfürchtige Beziehung zur Traumzeit unterhalten, sind wahre «Doktoren des Geistes». Sie sind es, die die Kraft des Landes als wichtigste Kraft verstehen, und uns beibringen, sie zu respektieren. Sie sind echte Umweltschützer, die seit vielen Jahrtausenden einen sorgsamen Umgang mit der Natur pflegen. Wahre Imagination ist für sie die Fähigkeit, subtile Prozesse in der Natur und ihre engelhaften Urformen in der Gestalt von Geistern aus der Traumzeit wahrzunehmen. Eben diese Fähigkeit, in sich selbst die «kosmogene Entwicklung»[4] herbeizuführen, die permanente Erschaffung der Welt in dem Sinn, in dem die ganze Schöpfung letzten Endes nur eine göttliche Imagination ist, das macht die Aborigines so einzigartig. In dieser Hinsicht haben sie einen Zustand von «summa scientia nihil save» erreicht («Der Gipfel des Wissens ist Nichtwissen»).[5]

Die Herausforderung besteht nun darin, dieses Wissen in eine Form des Handelns und eine Form des Dankes gegenüber dem Erbe der Aborigines umzusetzen. Die Übertragung von Landrechten ist nur ein erster Schritt. Damit läßt sich aber nicht das Problem einer Neubelebung der Traumzeit lösen. Dazu kann es nur kommen, wenn man sich auf einer neuen Ebene der Verständigung und des Respekts für die traditionelle Kultur der Aborigines trifft. Der heutige Mensch muß überprüfen, inwieweit er selbst eine Abneigung gegen den Instinkt und das Numinose als physisches Urbild hat. Er muß lernen, das Land, das er bewohnt, als Erweiterung seiner selbst zu akzeptieren und nicht als etwas von ihm Getrenntes, das nur dazu da ist, ausgebeutet zu werden. Er muß, wie Christopher Bamford es formuliert, «die Vorstellung von einem einzigen Schöpfungsakt» hinter sich lassen und statt dessen «einen kreativen und immer wiederkehrenden Schöpfungsprozeß von metaphysischem Charakter außerhalb von Raum und Zeit voraussetzen». Falls es wirklich dazu kommt, dann werden wir als Erweiterung unserer eigenen Spiritualität eine Wiedergeburt der Traumzeit erleben. «Wenn in der Natur alles seinen richtigen Gang geht, dann ist die Regierung in Ordnung. Doch wenn Störungen in der Natur auftreten, dann liegt der Fehler bei der Regierung.» Mit diesen Worten kommentierte Raphael Pati die Annalen Konfuzius und bestätigte damit nur das, was mir ein Schwarzaustralier über den Zyklon Tracy berichtete, der Anfang der siebziger Jahre die Stadt Darwin im Nördlichen Territorium heimsuchte. Laut Big Bill Neidji war der Zyklon die Strafe für die Zerstörung des Kakadu-Landes durch die Bergbauunternehmen, insbesondere für diejenigen, die Uran abbauten. Der Zyklon war nur das Spiegelbild der gestörten chthonischen Rhythmen. Durch diese Invasion der modernen Technik, die ohne viel Federlesens mit ihrer Beute verschwand, war die Erde rund um Kakadu «verwundet» worden. Es hatte keine rituelle Befragung des Landes stattgefunden, bevor mit dem Abbau begonnen wurde. Es wurden weder Trankopfer gebracht noch Corroborees durchgeführt, um den Geist der Erde zu besänftigen. Das Gebiet wurde ganz einfach geplündert. Die Antwort darauf war der Zyklon Tracy, der aber nicht das Kakadu-Land verwüstete, das den Aborigines trotz der dort präsenten Bergbauunternehmen noch immer heilig war, sondern Darwin, die bevölkerungsreichste Stadt im Norden. Genau im Zentrum des städtischen Lebens, dort wo der Geist der Erde schon länger in Fesseln lag, richtete er schlimme Verwüstungen an. Hätten die Einwohner dieser Gegend auf Konfuzius gehört, der sagte: «Die Welt ist ein heiliges Gefäß. Wer sich daran zu schaffen macht, möge sich in acht nehmen», dann hätte es Big Bill zufolge nie einen so verheerenden Wirbelsturm gegeben.

Außerdem sollte der moderne Mensch versuchen, das Nomadendasein als ein unabdingbares Recht des Menschen anzuerkennen. Wir sollten endlich mit der Vorstellung aufhören, daß die Menschen für immer an eine Umgebung gebunden sein müssen, so als ob «Wurzeln» die einzige Voraussetzung zum Leben wären. Die Aborigines kennen seit langem das Vergnügen, über Land zu ziehen, ebenso wie die Zigeuner, die einiges mit ihnen gemein haben. Der Häuptling der Oglala-Sioux, Chief Flying Hawk, beschrieb es einmal ganz treffend mit folgenden Worten:

«Wenn der Große Geist wollte, daß die Menschen immer an einem Ort bleiben, dann würde er die Welt anhalten. Doch er hat für eine ständige Veränderung gesorgt, damit Vögel und Tiere grünes Gras und reife Beeren finden, Sonnenlicht für Arbeit und Spiel und die Nacht zum Schlafen. Andauernder Wechsel. Alles zum Guten, nichts zum Bösen.» Ähnliches wußte auch ein Juki-Zigeuner aus dem Libanon zu berichten: «Ich behaupte, der Mensch sollte sich nicht von einem einzigen Land vereinnahmen lassen... Ich wünsche jedem eine lange, lange Reise durch weite Wüsten und rauhe Gegenden, durch grüne Wiesen und kühle Wälder, zu Inseln und unbekannten Städten, über die «Grenzen» der Zeit hinweg.»[6] Es gibt ganz sicher eine ursprüngliche Tradition des Nomadendaseins, die sich ungehindert entwickeln konnte, eine Tradition, die die Aborigines sich vor langer Zeit zu eigen machten.

René Guénon brachte das Dilemma einmal vortrefflich zum Ausdruck, vor dem die Aborigines bei der Neubelebung der Traumzeit als metaphysisches Prinzip stehen:

Daß wir uns nicht mißverstehen: Wenn die Allgemeinheit in gutem Glauben «Zivilisation» vortäuscht, dann gibt es immer welche, die darin nicht mehr als eine gewinnbringende Heuchelei sehen, einen Deckmantel für ihre beabsichtigte Eroberung und wirtschaftliche Zivilisierung. Doch was sind das für merkwürdige Zeiten, in denen so viele Menschen sich davon überzeugen lassen, daß es ein Volk glücklich macht, wenn es in Abhängigkeit gerät, wenn den Menschen das Kostbarste genommmen wird, das sie besitzen – ihre eigene Kultur –, wenn sie gezwungen werden, Sitten und Institutionen einer fremden Rasse zu übernehmen, und wenn sie die unangenehmsten Beschäftigungen aufgebürdet bekommen, damit sie sich notgedrungen Dinge anschaffen müssen, für die sie keinerlei Verwendung haben! Die gegenwärtige Situation sieht aber leider so aus: Der moderne Westen kann sich nicht damit abfinden, daß Menschen lieber weniger arbeiten und sich dafür mit wenig zufriedengeben. Da nur die Quantität zählt und alles, was sich der sinnlichen Wahrnehmung entzieht, als nicht vorhanden gilt, wird jeder, der nichts produziert, sogleich zum «Faulpelz» abgestempelt.[7]

Unter diesem Zustand leiden die Aborigines seit nunmehr zweihundert Jahren. Als kolonialisiertes Volk waren sie großer Not und viel menschlichem Leid ausgesetzt, denn die europäischen Eindringlinge wiesen strikt jegliche spirituelle Verwandtschaft mit ihnen zurück. Infolgedessen wurden die Aborigines nicht nur zahlenmäßig stark vermindert, sondern büßten auch ihre Selbstachtung ein. Obwohl man heute bemüht ist, die Situation zu entschärfen, wird nur sehr wenig zur Rehabilitierung der Traumzeit unternommen. Aus gutem Grund, denn nur wenige verstehen oder glauben an das, was Giordano Bruno mit «diversen Geistern und Kräften»[8] in der Natur meint. Solange der Wunsch nach Anerkennung des Göttlichen in allen Dingen fehlt, wird der Glaube der Aborigines immer für eine fragwürdige Philosophie gehalten werden, die sich auf Aberglauben und sonderbare rituellen Praktiken gründet.

In der heutigen Zeit haben Naturvölker weltweit kaum eine Überlebenschance. Wie der Weizen werden sie vom Brand der modernen Zivilisation befallen. Wir alle sind aufgerufen, diese bedenkliche Abwertung von Minderheiten im Interesse einer sozialen Uniformität zu stoppen. Numbarkala, Wondjina, Regenbogenschlange, Ungud – wie auch immer das göttliche Wesen aus der Traumzeit heißen mag – sie alle sind nur ein Ausdruck der menschlichen Wachsamkeit vor der drohenden spirituellen Auslöschung. Wenn der letzte Aborigine oder Sioux oder Kalahari-Buschmann diese Erde verläßt, dann ist es nicht der Eingeborene, der ausstirbt, sondern sein Geist als Verbündeter der Natur. Allein dafür lohnt es sich zu kämpfen, nicht aber für die wirtschaftliche Vormachtstellung oder für verödete Industriegebiete, die diese Erde langsam aber sicher verunstalten.

Das Träumen geht weiter. Die reine Askese der Natur als ein realisierbarer Zustand in jedem von uns ist möglich, wenn wir auf das hören, was uns der australische Ureinwohner zu sagen hat. Der Prozeß der Erneuerung beginnt damit, daß wir unsere Beziehung zu Totems wiederaufleben lassen, auf unsere eigene Traumreise gehen, auf die Stimme unseres eigenen Träumens hören und unsere Ahnen als ursprünglich vorhanden anerkennen. Wenn das alles erreicht ist, dann wird die Wiederherstellung der Traumzeit als metaphysischer Zustand Realität sein. Dann werden wir dem zustimmen können, was Big Bill Neidjie sagt:

«Die Traumzeitstätte... kannst du nicht verändern, ganz egal, wer du bist. Nicht als Reicher, nicht als König. Du kannst sie nicht ändern.» Es ist tatsächlich diese unabänderliche Form der Traumzeit, die sie so fest verankert im Leben aller Aborigines – und auch in unserem Leben, wenn wir es zulassen.

1 R.A. Schwaller de Lubicz, *Nature Word*, 1982.

2 *The Cycle of Desire*, Kommentar zu Der Prediger Salomo 1., Gregor von Nyssa.

3 J.W. Goethe, *Schriften zur Natur- und Wissenschaftslehre*.

4 Siehe Maurice Aniane, *Material for Thought*, für eine eingehendere Untersuchung dieses außergewöhnlichen Begriffs.

5 Zitat von Christian Rosenkreutz.

6 Douglas Halebi, *The World of the Juki, Studies in Comparative Religion*, 1983.

7 René Guénon, *The Crisis of the Modern World*, 1975.

8 Vgl. «Denn... verschiedene Lebewesen stellen Geister und Kräfte dar, die neben ihrer absoluten Existenz ein Dasein erlangen, das allen Dingen je nach Form und Maß übermittelt wird... Sol, die Sonne, denke man sich also in einem Krokus, einer Narzisse, einer Sonnenblume, im Hahn und im Löwen... Denn so wie sich das Göttliche zu einem gewissen Maß erniedrigt, wenn es sich der Natur mitteilt, so gibt es auch einen Aufstieg zum Göttlichen durch die Natur.» Giordano Bruno, *Spaccio del la bestia trionfante*, Dialog 3.

Literaturhinweise

Aniane, Maurice: *Material for Thought*, Spring Books, Twickenham 1976.

Berndt, R.M.: *Three faces of Love*, Nelson, Melbourne 1976.

Berndt, R.M. und C.H.: *The World of the First Aborigines*, Ure Smith, Sydney 1976.

Beveridge, P.: *The Aborigines of Victoria and Riverina*, 1889.

Budge, Wallis: *The Book of Paradise 1–11*, London 1904.

Brain, Robert: *The Decorated Body*, Harper & Row, London 1979.

Die Bhagavadgita – Eine göttliche Offenbarung, Verlag CSA, 1981.

Campbell, Joseph (Hrsg.): *The Mysteries*, Bollingen Series XXX, 1978.

Collins, David: *An Account of an English Colony in N.S.W.*

Corbin, Henry: *Spiritual Body and Celestial Earth*, Bollingen Series XCI, 2, 1977.

Elkin, A.P.: *Aboriginal Man of High Degree*, University of Queensland Press, Brisbane 1977.

Elkin, A.P.: *The Australian Aborigines*, Angus & Robertson, Sydney 1974.

Eliade, Mircea:*The Two and the One*, Harvil Press 1965.

Eliade, Mircea: *Mythen, Träume und Mysterien*, Müller, Salzburg o.J.

Fraser, J.G.: *The Golden Bough*, The Macmillan Press, London 1978.

Griaule, Marcel: *Conversations with Ogotommeli*, Oxford University Press, Oxford 1980.

Guénon, René: *König der Welt*, Dingfelder Verlag 1987.

Guénon, René: *Crisis of the Modern World*, Luzac 1975.

Graves, Robert: *Die weiße Göttin – Sprache des Mythos*, Rowohlt, Reinbek 1992.

Jung, C.G.: *Symbole der Wandlung*, Gesammelte Werke Bd. 5, Walter, Olten 1991.

Jung, C.G.:*Psychologie und Alchemie*, Gesammelte Werke Bd. 12, Walter, Olten 1990.

Kerenyi, C.: *Die Mythologie der Griechen*, DTV, München 1987.

Der Koran, Reclam, Stuttgart 1991.

Mountford, C.P.: *Ayers Rock – its People, their Beliefs and their Art*, Pacific Books 1971.

Mountford, C.P.: *Winbaraku and the Myth of Jarapiri*, Rigby, Adelaide 1968.

Malory, Sir Thomas: *Die Geschichten von König Artus und den Rittern seiner Tafelrunde*, Insel, Frankfurt 1977.

Montague, Ashley: *Coming into Beeing among Australian Aborigines*, Routledge & Kegan Paul, London 1974.

Neihardt, John: *Schwarzer Hirsch – Ich rufe mein Volk*, Lamuv, Bornheim 1992.

Neidjie, Big Bill: *Kakadu Man*, Resource Managers, Darwin 1988.

Otto, Walter F.: *Die Götter Griechenlands*, Klostermann, Frankfurt 1987.

Parker, K.L.: *More Australian Legendary Tales*, 1898.

Pound, Ezra: *Cantos*, Die Arche, Zürich 1985.

Plotin: *Enneaden*, aus: Ausgewählte Schriften, in der Übers. v. Richard Harder, Reclam, Stuttgart 1973.

Proklos: *Treatise on the Hieratic Arts of the Greeks*.

Rilke, R.M.: *Duineser Elegien*, Aus: Sämtl. Werke, Bd. 1, Insel, Frankfurt 1955.

Rossbach, Sarah: *Wohnen ist Leben – Feng-Shui und harmonische Raumgestaltung*, Knaur, München 1989.

Schwaller de Lubicz, R.: *Nature Word*, Lindisfarne Press 1982.

Schwaller de Lubicz, R.: *Symbol and Symbolic*, Inner Traditions, Rochester 1978.

Sivin, Nathan: *Chinese Alchemy – Preliminary Studies*, Harvard University Press, London 1968.

Strehlow, T.G.: *Aranda Traditions*, Melbourne University Press, Melbourne 1947.

Spencer & Gillen: *Native Tribes of Australia*, London 1899.

Stanner, W.E.H.: *White Man Got No Dreaming*, ANU Press 1979.

Suhrawardi, Shihabuddin Yahya: *Oevres philosophiques et mystiques de Sohrawardi – Opera metaphysica et mystica*, Teheran und Paris 1952.

Zimmer, Heinrich: *König und Leichnam*, aus: Gesammelte Werke, Bd. 4, Zürich 1961.

Abbildungslegenden

Abbildung 1
Blick aus einer der Höhlen am Obiri Rock in der Region von Arnhemland Escarpment. Viele dieser Höhlen wurden immer wieder übermalt seit der Zeit, als die Vorfahren der heutigen Australier vor etwa 50 000 Jahren den Kontinent über die Landbrücke von Asien erreichten. Obiri Rock ist wie Nourlangie und Uluru (Ayers Rock) eine «Freilichtkathedrale», wo die heiligen Bilder der schwarzaustralischen Kultur dokumentiert werden.

Abbildung 2
Blitzmann, Nourlangie Rock. Man beachte die winzigen Beile, die ohne Stiel aus seinem Rumpf und seinen Gliedmaßen herausragen. Diese stoßen an das Himmelszelt und erzeugen in der Regenzeit Blitze; so jedenfalls soll es sich in der Traumzeit zugetragen haben.

Abbildung 3
Blitzmann, Namargin, gemalt im Röntgenstil, wie er nur in dieser Region Australiens anzutreffen ist. Sein «Innenleben» ist erstaunlich realistisch wiedergegeben, aber auch künstlerisch ist dieses Felsenbild sehr reizvoll.

Abbildung 4
Barramundie-Fisch und Geistwesen, Nourlangie Rock. Diesen Geistwesen fehlt jeglicher Gesichtsausdruck. Es handelt sich hierbei wohl eher um bildliche Darstellungen von Geistern als von irgendwelchen Menschen.

Abbildung 5
Männlicher Stammesangehörige, gemalt als Strichmännchen, Vorläufer der Darstellungen im Röntgenstil. Bei sich hat er eine Jagdausrüstung, bestehend aus Speeren und einem Steinbeil sowie aus Pflanzenfasern geflochtene Beutel.

Abbildung 6
Ausschnitt aus dem Hauptfries, Nourlangie Rock. Er zeigt eine Auseinandersetzung zwischen dem Mann des Blitzes, seiner Frau (obere Figur) sowie Namanjolk, einem bösen Geist. Dieser Fries wurde das letzte Mal vor etwa zwanzig Jahren von Barramundie Charlie nachgemalt. Dann starb er, und seitdem wurde nicht mehr daran gearbeitet. Wie es aussieht, fehlt allen seinen Freunden das technische Können für die Aufarbeitung dieses phantastischen Gemäldes. Eine rituelle Erneuerung durch überlebende Stammesmitglieder hat leider bis heute nicht stattgefunden. Falls dies weiterhin unterbleibt, dann wird *djang* diese bedeutende Kultstätte bald ganz verlassen.

Abbildung 7
Barramundie-Fisch und weibliches Geistwesen im Röntgenstil, zu sehen am Nourlangie Rock.

Abbildung 8
Meereschildkröte im Röntgenstil. Schildkröten werden vor der Küste Arnhemlands mit Speeren erlegt.

S P H I N X

Joseph Campbell

Mythologie der Urvölker

Die Masken Gottes - Band 1

570 Seiten. Gebunden

Alle wichtigen Elemente der
Mythen bis in unsere Tage sind in
ihren Frühformen bei den Ur-
völkern bereits angelegt. Joseph
Campbell hat Erkenntnisse aus
Archäologie, Ethnologie, Religions-
wissenschaft und vielen anderen
Wissengebieten zu einem Bild der
urgeschichtlichen Vorstellungs-
welten verwoben, das die Verbindung dieses ersten Abschnitts der
Geschichte der Mythologien der
Welt zur Gegenwart deutlich
sichtbar werden lässt. So diente das
erste Kapitel dieses Buches als
Ideenvorlage zu Stanley Kubriks
Film «2001 - Odyssee im Welt-
raum». Beginnend bei biologisch
ererbten Strukturen, ihrer Prägung
durch die verschiedenen Lebensab-
schnitte des Menschen, über die
Mythologie der Pflanzer und die der
Jäger, reicht die Zeitspanne von
Campbells Schilderung bis ca. 2500
v. Chr. Im Zentrum steht für ihn
dabei die Wahrheit des Mythos, das
heisst, dass der Mythos auf einer
äusseren Ebene widerspiegelt, was
die Menschen im Innersten bewegt.

SPHINX

Joseph Campbell

Mythologie des Ostens
Die Masken Gottes - Band 2

660 Seiten. Gebunden

Unsere heutige Zeitmessung geht
auf die 6000 Jahre alten, in Mythen
bewahrten astronomischen
Beobachtungen der Sumerer
zurück. Es lassen sich viele
Beispiele finden, die in
MYTHOLOGIE DES OSTENS die
grossen östlichen Mythen für unser
kulturelles und individuelles
Selbstverständnis bewusst und
lebendig machen. Ausgehend von
der allen gemeinsamen Ursprungs-
idee, dass das Göttliche innerhalb
und ausserhalb des Menschen
immer schon vorhanden ist,
schildert Campbell die verschiedenen Entwicklungen der Mythologie
im vorderen Orient, in den drei
grossen Abschnitten der indischen
Geschichte und in der chinesischen
und japanischen Kultur. Indem er
die östlichen Gedankenwelten für
den westlichen Leser transparent
macht, leistet Campbell mit diesem
Buch auch einen wichtigen Beitrag
zur Begegnung der Religionen und
Kulturen dieser Erde.

SPHINX

Joseph Campbell

Mythologie des Westens

Die Masken Gottes
Band 3

653 Seiten, gebunden

Mythologie des Westens ist
eine spannende Reise durch die
Welt der Vorstellungen, die das
Fundament unserer abendländischen Religion, Philosophie,
Kunst und Literatur bilden.
Joseph Campbell verfolgt in
diesem Buch die Entwicklung
der beiden Wurzeln des wer-
denden Europas und damit die
Grundlagen der Entstehung der
westlichen Kultur. Es zeigt
sich, daß die Geschichte der
Mythen des Abendlandes vom
wechselseitigen Austausch
östlicher und westlicher Form
von Religiosität geprägt ist.

SPHINX

Joseph Campbell

Schöpferische
Mythologie
Die Masken Gottes
Band 4

864 Seiten, gebunden

Schöpferische Mythologie ent-
rollt die ganze innere Ge-
schichte der Kultur der Neuzeit
mit ihrer philosophischen, spi-
rituellen und künstlerischen
Entwicklung seit dem Mittelal-
ter und zeigt die einzigartige
Stellung des Menschen dieser
Zeit, als Schöpfer seiner eige-
nen Mythologie.
Der Horizont der traditionellen
Mythen war durch die eigene
Kultur vorgegeben, die den
Einzelnen als Mitglied seiner
Gemeinschaft von allen ande-
ren abgegrenzt hat. Seit dem
Mittelalter weicht diese Be-
grenztheit zusehends einer
Offenheit für die Welt als gan-
zes. *Schöpferische Mythologie*
erläutert die Elemente, die eine
Orientierung in dieser «neuen»
Welt ermöglichen.

SPHINX

Das Neue Selbstverständnis der Frau aus der Quelle antiker Mythen

In diesem Buch wird eine neue Perspektive der Psychologie der Frau entworfen; sie stützt sich auf – bei den griechischen Göttern entlehnte – Frauenbilder, die seit über dreitausend Jahren in der menschlichen Vorstellungswelt lebendig geblieben sind. Diese Psychologie der Frau unterscheidet sich von sämtlichen Theorien, gemäß denen eine «normale» Frau definiert wird, welche einem spezifischen Persönlichkeitsmuster oder einer bestimmten psychologischen Struktur entspricht. Dabei handelt es sich um eine Theorie, die auf der Erkenntnis der Vielfalt normaler Variationen zwischen den Frauen beruht.

Jean Shinoda Bolen

Göttinnen in jeder Frau

Psychologie einer neuen
Weiblichkeit
432 Seiten, broschiert

«Ein Buch, das zündet, dessen Reiz – auch für Männer – im spielerisch Analytischen liegt.»
AZ München

«Für Frauen, die sich selbst, und für Männer, die Frauen besser verstehen wollen.»
BuchJournal

SPHINX

Archetypen der männlichen Psyche und ihre praktische Deutung

Das Buch zeigt, wie der Mann seine in ihm wirkenden «göttlichen» Kräfte besser verstehen und einsetzen kann. Frauen hilft es zu erkennen, welche archetypischen Bilder im Mann ihren Vorstellungen entsprechen und welche ihre Erwartungen kaum erfüllen werden. Gestützt auf die Lehre von C.G. Jung erklärt die Autorin, wie sowohl Männer als auch Frauen ein Gefühl der Ganzheit erfahren, wenn sie sich ihrem Wesen entsprechend verhalten. Von den autoritären, machtbegierigen Göttern (Zeus, Poseidon) über die schöpferischen Götter (Apollo der Musische, Hephaistos der Handwerker) zum sinnlichen Dionysos lehrt Bolen die Leser die individuellen Archetypen festzustellen.

«Götter in jedem Mann» hilft Männern *und* Frauen sich selbst und die Beziehungen zu Vätern, Söhnen, Brüdern und Liebhabern besser zu verstehen.

Jean Shinoda Bolen

Götter in jedem Mann

Besser verstehen,
wie Männer leben und lieben
350 Seiten, broschiert